AF591956

REGLEMENT DU ROY,

ET INSTRUCTIONS TOUCHANT L'ADMINISTRATION DES HARAS DU ROYAUME.

A PARIS,
DE L'IMPRIMERIE ROYALE.

M. DCCXXIV.

TABLE.

TITRE IX.

LETTRES

LETTRES PATENTES DU ROY,

Sur le Reglement rendu pour le Service des Haras du Royaume, le 22. Fevrier 1717.

Données à Paris le 22. Fevrier 1717.

LOUIS PAR LA GRACE DE DIEU ROY DE FRANCE ET DE NAVARRE : A nos amez & feaux Conseillers en nos Conseils les Intendans & Commissaires départis pour l'execution de nos ordres dans les Provinces & Generalitez de nostre Royaume, SALUT. Nous avons par nostre Reglement de cejourd'huy, ordonné ce que Nous voulons estre observé à l'avenir pour le service des Haras dans l'estenduë de nostre

Royaume : Et comme par nos Arrests des 28. Octobre 1683. & 21. May 1695. & nostre Declaration du 22. Septembre 1709. Nous vous avons particulierement attribué la connoissance & Jurisdiction de tout ce qui concerne lesdits Haras & les Privileges des Gardes-Estalons, avec pouvoir de rendre vos Ordonnances, sauf l'appel en nostre Conseil; Nous desirons que vous donniez la mesme attention à l'execution dudit Reglement. A CES CAUSES, de l'avis de nostre tres cher & tres amé Oncle le Duc d'Orleans Regent, de nostre tres cher & tres amé Cousin le Duc de Bourbon, de nostre tres cher & tres amé Oncle le Duc du Maine, de nostre tres cher & tres amé Oncle le Comte de Toulouse, & autres Pairs de France, grands & notables Personnages de nostre Royaume, Nous vous mandons & ordonnons de faire garder & observer selon sa forme & teneur ledit Reglement, Ensemble les formules cy-attachées sous le Contre-scel de nostre Chancellerie; Et que vous ayez à le faire lire & publier par tout où besoin sera, chacun dans l'estenduë de vostre département, sans permettre qu'il y soit contrevenu en quelque sorte & maniere que ce puisse estre, nonobstant tous autres Arrests, Ordonnances & Reglemens à ce contraires. VOULONS qu'aux copies dudit Reglement, desdites formules & des presentes deuëment collationnées par l'un de nos amez & feaux Conseillers-Secretaires, foy soit ajoûtée comme à l'Original; CAR TEL EST NOSTRE PLAISIR. Donné à Paris le vingt-deuxiéme jour de Fevrier mil sept cens dix-sept, Et de nostre Regne le second. *Signé* LOUIS. *Et plus bas,* Par le Roy, le Duc D'ORLEANS Regent present. PHELYPEAUX.

REGLEMENT

Que le Roy de l'avis de Monſieur le Duc d'Orleans ſon Oncle Regent, Veut eſtre obſervé à l'avenir touchant le Service des Haras du Royaume.

TITRE PREMIER.

Intendans & Commiſſaires départis dans les Provinces.

ARTICLE PREMIER.

LES Intendans & Commiſſaires départis dans les Provinces pour l'execution des ordres du Roy, auront le pouvoir & les fonctions qui leur ſont attribuez par l'Arreſt du 28. Octobre 1683. & Declaration de Sa Majeſté du 22. Septembre 1709. par leſquels Sa Majeſté leur attribuë toute Cour, Juriſdiction & connoiſſance de tous procés & differens qui pourroient eſtre intentez entre les particuliers pour raiſon des privileges & exemptions accordez aux Gardes-Eſtalons, circonſtances & dependances, avec deffenſes à ſes autres Cours & Juges d'en connoiſtre, à peine de nullité & de tous dépens, dommages & intereſts.

II.

Ils prendront une connoiſſance entiere de tout ce qui concerne le détail des Haras de leur département, dont ils ſe feront rendre compte par les Commiſſaires-Inſpecteurs. Ils auront ſoin dans leurs viſites de voir ſi les chevaux ſont en bon eſtat, Et de pourvoir à tout ce qui eſt preſcrit par le preſent Reglement.

III.

Immediatement aprés la premiere viſite des Commiſſaires-Inſpecteurs des Haras, Et ſur le Procés verbal qui leur ſera par eux preſenté, leſdits Intendans & Commiſſaires départis dreſſeront des Eſtats contenant les noms, ſurnoms & domiciles de tous les particuliers mentionnez dans leſdits Procés verbaux, qu'ils envoyeront au Conſeil du dedans du Royaume, conformement à l'Art. VI. de la Declaration du 22. Septembre 1709.

IV.

Les Gardes-Haras ne ſeront authoriſez dans leurs fonctions, qu'en vertu de Commiſſions expreſſes des Intendans & Commiſſaires départis, dans laquelle ils exprimeront les privileges dont ils doivent joüir par le preſent Reglement.

V.

Ils arreſteront les Memoires de toutes les dépenſes dont les Commiſſaires-Inſpecteurs pourront eſtre chargez pour le ſervice deſdits Haras : Ils ordonneront de la vente des Eſtalons du Roy hors de ſervice, dont le produit ſera remis à la Caiſſe des Haras ; Et ils informeront le Conſeil du dedans du Royaume de tous les changemens qu'ils auront jugé à propos de faire dans cet eſtabliſſement.

VI.

Ils auront seuls le pouvoir d'approuver les chevaux qu'ils jugeront convenables pour le service des Haras, Et les Commissaires-Inspecteurs n'y suppléeront qu'à leur deffaut. Lesdits chevaux leur seront presentez par les particuliers qui les voudront faire approuver; Et dans les cas où ils le jugeront à propos ils se contenteront du Certificat du Commissaire-Inspecteur, sur la qualité & tournure du cheval qu'on luy aura proposé, selon la formule qui est en fin du present Reglement, sur lequel ils expedieront leur Commission au Garde-Estalon, dont la formule est pareillement rapportée ensuite de celle mentionnée cy-dessus.

VII.

Deffenses ausdits Intendans & Commissaires départis, de n'approuver de chevaux pour servir d'Estalons à l'avenir, s'ils n'ont cinq ans ou prenant cinq ans.

VIII.

Et s'ils sont obligez de retenir & approuver des chevaux d'esperance de quatre ans seulement, ce sera à condition de la part des Gardes-Estalons de ne les faire servir que lorsqu'ils auront cinq ans, à peine de cent livres d'amende contre les Gardes-Estalons qui auront contrevenu à cette deffense, ladite amende applicable moitié au dénonciateur, & moitié à la Caisse des Haras.

IX.

Ils tiendront la main à ce que les Commissaires-Inspecteurs s'acquittent exactement de ce qui leur est ordonné touchant les visites de leurs départemens. Ils se feront representer les Procés verbaux qu'ils en auront dressez, ils y mettront leur Vû; Et ils pourront faire, lors de leurs tournées pour les départemens des Tailles, tous les changemens, augmentations & retranchemens qu'ils estimeront convenir au bien de cet establissement.

X.

Le Roy se remet entierement ausdits Intendans & Commissaires départis, de la distribution des chevaux & jumens qui leur seront addressez par les ordres de Sa Majesté pour le service desdits Haras; ils les pourront placer par tout où ils les croiront utiles au bien du service; Et les Commissaires suivront en cela les ordres qu'ils leur donneront.

XI.

Deffenses ausdits Intendans & Commissaires départis, de permettre l'accroissement des Bouriquets dans l'estenduë de leurs départemens, sans une permission expresse du Roy.

XII.

Sa Majesté desirant qu'il soit apporté une attention toute particuliere, de la part desdits Intendans & Commissaires départis, au restablissement des Haras avec connoissance de cause; Elle a donné ses ordres aux Commissaires-Inspecteurs de dresser des denombremens sur la quantité des Pacages, Prairies, Pasturages, nombre & qualitez des Jumens qui se trouvent dans les differentes paroisses, suivant la formule qui est en fin du present Reglement. Ils feront pour cet effet donner toute l'assistance necessaire ausdits Commissaires par les Communautez, Et tiendront la main à ce que chacun remplisse ce qui luy est ordonné sur ce sujet.

XIII.

LESDITS Intendans chargeront leurs Subdeleguez, de tenir la main à l'execution des ordres qui seront addressez aux Maires, Consuls & Syndics des paroisses, sur les denombremens que Sa Majesté desire avoir de l'estat desdites paroisses par rapport à l'establissement des Haras : Et faute par les Subdeleguez de suivre en cela ce qui leur aura esté prescrit, Sa Majesté enjoint ausdits Intendans & Commissaires départis de les priver de leurs delegations, sans prejudice des peines & amendes prononcées contre les Maires & Consuls qui auront manqué de s'y conformer; lesquelles condamnations auront leur effet toutes les fois qu'ils seront surpris en faute.

XIV.

ILS envoyeront au Conseil du dedans du Royaume copie des jugemens de condamnation qu'ils auront rendus dans tous les cas de contravention au present Reglement; Ils les feront néantmoins executer par provision sans attendre d'autres ordres.

TITRE II.

Commissaires-Inspecteurs des Haras dans les Départemens.

ARTICLE PREMIER.

CHAQUE Commissaire s'appliquera à acquerir une parfaite connoissance de son département dans toute son estenduë, tant par rapport aux Prairies, Pacages & Pasturages, qu'à la quantité & qualité des Jumens de toute espece, qui se trouveront répanduës dans les differentes paroisses, afin d'en pouvoir rendre un compte juste toutes les fois qu'on le leur demandera.

II.

ILS joüiront de l'exemption du Ban & Arriere-ban, tutelle, curatelle, & nomination à icelles, en vertu du present Reglement.

III.

ILS feront leur residence ordinaire dans l'estenduë de leurs départemens, & mesme le plus à portée qu'il leur sera possible de celle des Intendans & Commissaires départis, pour entretenir la relation qu'il leur convient d'avoir avec eux pour le bien du service; Et ils ne pourront s'absenter du département sans en avoir obtenu la permission de Sa Majesté.

IV.

VEUT Sa Majesté qu'à la diligence des Commissaires-Inspecteurs de chaque département, Et par les ordres des Intendans & Commissaires départis, il soit fait un dénombrement des Pacages, Pasturages, Prairies, & de la quantité des Jumens propres à porter des poulains, Et du nombre d'Estalons necessaires pour les servir par chacune paroisse, suivant la formule mentionnée cy-devant; sans excepter du Rolle des Jumens, celles des Gentilshommes, Curez, Prestres, Moines & Communautez, depuis deux ans jusqu'à l'âge inconnu. Ils envoyeront les dénombremens cy-dessus au Conseil du dedans du Royaume, lorsqu'ils les auront mis dans leur perfection, Et ils en donneront copie aux Intendans & Commissaires départis.

V.

ILS feront deux visites exactes par an, de tous les Estalons de leurs départemens, dont ils dresseront leurs Procés verbaux, suivant les formules de premiere

& deuxiéme

& deuxiéme visite en fin du present Reglement. Ils les envoyeront au Conseil du dedans du Royaume, aprés avoir esté visez des Intendans & Commissaires départis, ausquels ils en remettront des copies.

VI.

Leur premiere visite se fera avant le temps de la Monte. Ils verront tous les Estalons de leurs départemens un à un sur le lieu mesme, & dans l'écurie où ils sont establez; Ils examineront de quelle maniere ils y sont tenus, pancez & nourris; Ils s'informeront s'ils n'ont point esté montez ou employez à d'autres usages contre les deffenses faites à cet égard, dont ils rendront compte aux Intendans & Commissaires départis; Ils ne pourront dans leur premiere visite assigner aucun rendez-vous aux Gardes-Estalons pour passer leurs chevaux en reveüë, Et ils envoyeront leurs Procés verbaux de premiere visite au Conseil du dedans du Royaume, dans le mois de Juin au plustard.

VII.

Ils feront la seconde visite dans les mois de Septembre & Octobre, à la suite des Intendans & Commissaires départis, lors des départemens des Tailles, pour leur faire representer en chacune Election, Baillage, Evêché ou Senêchaussée, les Estalons qui y seront establis, Et verifier le contenu au premier Procés verbal. Et dans les Pays d'Estats où les Intendans ne sont point chargez de l'assise de la Taille, lesdits Commissaires-Inspecteurs feront leur seconde reveüë de la mesme maniere qu'il leur est ordonné pour la premiere; ils en envoyeront les Procés verbaux au Conseil du dedans du Royaume, dans le mois de Novembre, où ils feront mention du nombre des Cavales ſervies dans le temps de la Monte, Et de celuy des Poulains & Pouliches qui ſeront nez de la Monte de l'année precedente.

VIII.

PERMIS aux Intendans & Commiſſaires départis, lors de leurs départemens des Tailles, de diſpenſer les particuliers chargez d'Eſtalons d'une trop longue traite pour ſe trouver à leur reveûë; Et dans ce cas les Commiſſaires-Inſpecteurs qui ſeront à leur ſuite, ſe tranſporteront dans les lieux deſdits eſtabliſſemens, pour ſatisfaire à ce qui leur eſt preſcrit ſur le fait de la ſeconde viſite deſdits Haras.

IX.

ILS ne ſouffriront dans les Haras aucuns chevaux viciez, caducs ou mal tournez; Et lorſqu'ils en trouveront avec ces deffauts, ils les caſſeront ſans difficulté; Ils en feront mention ſur leurs Procés verbaux, & en donneront ſur le champ avis aux Intendans & Commiſſaires départis.

X.

ILS engageront en meſme temps les particuliers dont ils auront reformé les chevaux defectueux, à faire leurs ſoumiſſions d'en preſenter d'autres de la qualité requiſe pour la Monte lors prochaine, ſuivant la formule en fin du preſent Reglement, s'ils deſirent ſubſiſter ſur les Rolles des Gardes-Eſtalons, & joüir des Privileges que le Roy leur accorde; à faute de quoy ils ſeront rayez deſdits Rolles & privez deſdits Privileges. Sa Majeſté veut bien neanmoins dans les lieux fort convenables à l'eſtabliſſement, & où il ne ſe trouveroit point de gens aſſez riches pour faire cette dépenſe toute entiere, y entrer pour une partie du prix du cheval; Et leſdits Commiſſaires-Inſpecteurs pourront dans ce cas, convenir d'une plusvaluë raisonnable, & en informer le Conseil du dedans du Royaume qui pourvoira aux envoys des chevaux necessaires.

XI.

A l'égard des Estalons appartenans au Roy, mal placez, mal tenus ou trop vieux, ils en rendront compte aux Intendans & Commissaires départis, aprés avoir reconnu les lieux où ils pourroient estre mieux placez, ou s'il conviendroit de les vendre au profit de Sa Majesté.

XII.

Dans les pays & cantons où l'usage est de permettre aux Gardes-Estalons de vendre leurs chevaux immediatement aprés le temps de la Monte, par la facilité des remplacemens qui s'y font; Sa Majesté consent qu'il ne soit apporté aucun changement à ce commerce : Elle Ordonne neanmoins aux Commissaires-Inspecteurs de dresser des Rolles particuliers de tous les Gardes-Estalons qui se trouvent dans le cas de ne pouvoir garder leurs chevaux d'une Monte à l'autre, Et d'en presenter les Estats aux Intendans & Commissaires départis, qui rendront les Ordonnances necessaires pour authoriser le renouvellement desdits Estalons d'une année à l'autre, sur quoy ils observeront d'estre fort en garde pour ne se laisser point surprendre par des remontrances specieuses de la part des Gardes-Estalons.

XIII.

Et pour faciliter d'autant plus l'establissement desdits Haras, les Commissaires-Inspecteurs pourront approuver dans le cours des visites qu'ils font obligez de faire, les chevaux qu'ils trouveront propres à servir d'Estalons, dont ils remettront les signalemens ausdits

Intendans & Commiſſaires départis, avec pouvoir dans les lieux & cantons où il y aura beaucoup de Jumens, d'y eſtablir pluſieurs Eſtalons par proportion au nombre deſdites Jumens.

XIV.

Aprés avoir pris toutes les connoiſſances qui leur ſont ordonnées touchant la quantité de Paſturages, Prairies & Pacages, & du nombre des Jumens de chaque paroiſſe; Ils dreſſeront un Rolle de celles qui devront eſtre couvertes par chacun Eſtalon, juſqu'au nombre de trente ou trente-cinq : le Rolle en ſera dreſſé ſelon la formule en fin du preſent Reglement, & remis par leſdits Commiſſaires-Inſpecteurs à chaque Garde-Eſtalon.

XV.

Et afin que les particuliers-proprietaires deſdites Jumens, puiſſent eſtre informez du lieu où eſt l'Eſtalon auquel leſdites Jumens ſeront annexées ; les Commiſſaires-Inſpecteurs ſeront tenus d'envoyer dans les paroiſſes voiſines, deux lieuës à la ronde, un Extrait dudit Rolle ſigné d'eux, contenant le nom & la demeure du Garde-Eſtalon, & les noms deſdits proprietaires deſdites Cavales annexées audit Eſtalon; lequel Extrait ſera addreſſé aux Conſuls ou Syndics ou Collecteurs des lieux deſignez au Rolle, pour eſtre lû & publié dans leſdites paroiſſes à la diligence des Conſuls, Syndics ou Collecteurs, à peine de cinquante livres contre ceux deſdits Conſuls & Syndics qui negligeront de faire les diligences qui leur ſeront ordonnées, appliquable à la Caiſſe des Haras, ſuivant la formule en fin du preſent Reglement.

XVI.

Ils ſe feront repreſenter par les Gardes-Eſtalons,

lors de la ſeconde viſite de leurs départemens, les meſmes Rolles qu'ils leur auront laiſſez avant le temps de la Monte des Jumens qui doivent eſtre ſervies par leurs Eſtalons, où les noms & demeures des proprietaires deſdites Jumens doivent eſtre marquez, pour connoiſtre ſur ledit Rolle ſi elles ont toutes eſté ſervies, Et pouvoir former un Eſtat general de toutes celles qui l'auront eſté, & en faire mention dans leurs Procés verbaux. Ils ſe feront rendre compte en meſme temps des diligences des Gardes-Eſtalons contre les particuliers qui n'auront point amené leurs cavales à l'Eſtalon, Et des raiſons qu'ils auront euës de s'en diſpenſer.

XVII.

Si leſdits Commiſſaires-Inſpecteurs trouvoient quelques difficultez de la part des Echevins, Conſuls, Syndics ou Collecteurs, de ſatisfaire à ce qui leur eſt ordonné par le preſent Reglement, ils en dreſſeront leurs Procés verbaux qu'ils remettront aux Intendans & Commiſſaires départis, pour y eſtre pourveû ſuivant l'exigence des cas.

XVIII.

Ils tiendront la main à ce que les ordres du Roy ſoient ponctuellement executez; Et en cas qu'il y ſurvînt quelques contraventions, ils en donneront avis aux Intendans & Commiſſaires départis, pour y eſtre par eux pourveû ſuivant le pouvoir que Sa Majeſté leur en a donné; Et ils rendront un compte exact au Conſeil du dedans du Royaume, de toutes leurs diligences & obſervations concernant le ſervice deſdits Haras.

TITRE III.

Sous-Inſpecteurs & Viſiteurs des Haras.

ARTICLE PREMIER.

LES Sous-Inſpecteurs & Viſiteurs des Haras recevront les inſtructions & les ordres des Commiſſaires-Inſpecteurs, pour tous les details de leur employs, chacun dans leur diſtrict : Et en leur abſence ils rendront compte au Conſeil du dedans du Royaume, & aux Intendans & Commiſſaires départis, de tout ce qui concerne leurs fonctions.

TITRE IV.

Gardes-Eſtalons.

ARTICLE PREMIER.

LES Gardes-Eſtalons joüiront de tous les privileges & exemptions à eux accordez par la Declaration de Sa Majeſté du 22. Septembre 1709. moyennant quoy leſdits Gardes-Eſtalons, dans les Pays Taillables, ſeront taxez d'office à la Taille par les Intendans & Commiſſaires départis dans leſdites Provinces, au pied des Mandemens des Tailles des paroiſſes dans leſquelles ils feront leurs demeures, à la ſomme qu'ils jugeront que les Gardes-Eſtalons devront porter à proportion de leurs commerce, tenures & facultez, conformément à l'Article premier de ladite Declaration.

II.

ORDONNE en outre Sa Majesté, que lesdits Gardes-Estalons seront pareillement taxez d'office à commencer au département prochain, par lesdits Intendans & Commissaires départis, pour raison des impositions du Sel, de l'Ustensile, Dixiéme, Capitation & autres contributions presentes & à venir, de quelque nature qu'elles puissent estre; avec deffenses aux Collecteurs des paroisses de les comprendre dans leurs Rolles pour raison desdites impositions, à peine d'en répondre.

III.

ILS joüiront, conformément à l'Article V. de ladite Declaration du 22. Septembre 1709. de l'exemption de la Collecte des Tailles & de l'impost du Sel; Et en outre de celle de la Capitation, Dixiéme, & autres nominations pour quelque recouvrement que ce puisse estre.

IV.

SUIVANT ledit Article V. de la Declaration du 22. Septembre 1709. ils joüiront de l'exemption de tutelle, curatelle, nomination à icelles, Guet & Garde des villes & costes, & du logement de gens de Guerre. Et en outre de tous convoys, fournitures de chariots, corvées ou autres services des Troupes dans leur marche, & de toutes charges publiques ou municipales, tant des villes que du plat pays, & de nomination au Syndicat.

V.

CELUY de leurs enfans, ou le valet auquel ils auront confié le soin de l'Estalon qu'ils ont en leur garde, sera exempt de tirer aux Billets pour la Milice; Et lesdits Gardes-Estalons, en vertu du privilege de l'exemption du logement des gens de Guerre, qui leur eſt accordé, ne pourront eſtre compris dans les Rolles des Collecteurs pour raiſon & ſous pretexte de petite Uſtenſile & bien vivre des Cavaliers en Quartier d'Hyver dans les Generalitez.

VI.

LESDITS Gardes-Eſtalons ſeront exempts de l'enregiſtrement des Titres en vertu deſquels ils joüiſſent des privileges attachez à leurs commiſſions, conformément à l'Arreſt du Conſeil du 21. Octobre 1702. rendu à l'occaſion de l'Edit du mois de May de ladite année, touchant l'enregiſtrement des Titres des privilegiez.

VII.

ILS joüiront de plus de la retribution de Trois Livres & un Boiſſeau d'Avoine, meſure de Paris, pour le ſaut de chaque Jument, leſquelles pourront eſtre amenées juſques à trois fois à l'Eſtalon, ſi elles n'ont pas retenu les deux premieres, ſans que leſdits Gardes-Eſtalons puiſſent rien exiger au de-là, à peine de reſtitution & de vingt livres d'amende au profit du Denonciateur.

VIII.

ILS joüiront, dans les Provinces de Franche-Comté, Dauphiné & Languedoc, de la gratification annuelle de cinquante livres, à eux accordée pour leur tenir lieu du benefice des Cottes d'office, dont les Gardes-Eſtalons joüiſſent dans les pays Taillables, en attendant que Sa Majeſté puiſſe rendre cette grace commune dans les autres Provinces où les Tailles ſont réelles, & où les Haras s'eſtabliront.

IX.

ORDONNE Sa Majeſté que les particuliers qui ſe preſenteront

presenteront pour Gardes-Estalons, Et auront donné leurs soumissions aux Commissaires des Haras de se fournir d'un cheval de la beauté & de l'espece convenables pour le temps de la premiere monte, joüiront de toutes les exemptions & privileges accordez aux Gardes-Estalons, à commencer du jour & datte des commissions qu'ils auront obtenuës à cet effet des Intendans & Commissaires départis; à la charge toutefois qu'ils s'obligeront, au cas qu'ils contrevinsent à leurs engagemens, de payer une somme de Cent livres au profit de la Caisse des Haras.

X.

DEFFENSES aux Receveurs Generaux des Finances, aux Receveurs particuliers des Tailles, & à tous Maires, Echevins, Jurats, Syndics, Collecteurs & habitans des Villes & Paroisses, de troubler lesdits Gardes-Estalons dans la joüissance desdits privileges & exemptions, ni de les commander pour aucun service, sous quelque pretexte que ce soit, à peine de tous dépens, dommages & interests, & d'en répondre en leurs propres & privez noms.

XI.

VEUT Sa Majesté que dans quinzaine du jour de la publication du present Reglement, les Gardes-Estalons qui depuis le jour auquel ils ont esté chargez d'Estalons du Roy, ou qui ont fait approuver les leurs, ont contracté des Communautez avec leurs enfans, leurs gendres, & leurs autres parens & amis, representeront pardevant lesdits Intendans & Commissaires départis, ou leurs Subdelegez les Contracts de mariage & les autres Titres de societé qu'ils ont pareillement contractez, Et declareront les noms & qualitez des personnes associées à l'augmentation de leurs Exploitations dont il sera dressé Procés verbal qui sera remis au Greffe desdits Intendans & Commissaires départis; Pour ce fait, estre les taux des Gardes-Estalons par eux reglez d'office, en procedant au département des Tailles : Et seront les associez dans la Communauté du Garde-Estalon taxez par les Collecteurs personnellement, suivant leurs facultez & leurs exploitations, comme les autres contribuables sans nul égard à leurs prétendus privileges.

XII.

ENJOINT aux Gardes-Estalons qui auront esté chargez de ceux du Roy gratuitement ou à moitié prix, ou qui en auront d'approuvez, d'en avoir un soin trés particulier, de les faire bien establer, pancer de la main & nourrir, conformément à leurs instructions; à peine d'en répondre, & d'estre contraints au remplacement des Estalons qu'ils auront laissé déperir.

XIII.

DEFFENSES aux Gardes-Estalons de faire servir pour la monte des cavales, d'autres chevaux que ceux du Roy, ou ceux qu'ils auront fait approuver, à peine de Trois cens livres d'amende, applicable moitié au profit du Garde-Estalon le plus prochain du lieu où la contravention aura esté commise, & moitié au profit du Denonciateur, & de confiscation desdits chevaux non approuvez.

XIV.

ET d'autant que plusieurs particuliers ne font approuver qu'un seul Estalon, quoyqu'ils ayent des poulains de deux ans & plus, non approuvez, dont ils se servent également pour faire sauter beaucoup de jumens; Il leur est pareillement deffendu de faire servir lesdits poulains, sous les mesmes peines cy-dessus.

XV.

Et pour faciliter aufdits particuliers les moyens de joüir de tous les avantages qu'ils peuvent efperer du fervice de leurs chevaux entiers, il leur fera permis de faire approuver plus d'un cheval pour fervir d'Eftalon dans une mefme paroiffe, felon le befoin des habitans par rapport au nombre de leurs jumens.

XVI.

Sa Majesté difpenfe les proprietaires des chevaux approuvez pour fervir d'Eftalons, de la marque d'une *L* couronnée à la cuiffe, ordonnée par l'Arreft du 28. Octobre 1683. attendu qu'elle peut nuire à la vente defdits chevaux, lorfqu'ils ne font plus jugez propres au fervice des Haras.

XVII.

Deffenses à tous Gardes-Eftalons de faire fervir les Eftalons dont ils font chargez, appartenans à Sa Majefté ou approuvez, au caroffe, à la chaife, à la charuë, ou aux charois, ni à d'autres ufages penibles, à peine de Trois cens livres d'amende applicable, fçavoir, moitié au profit du dénonciateur, & moitié au profit de la Caiffe des Haras.

XVIII.

Et dans les cas où il conviendroit, pour le bien & la confervation defdits Eftalons, de les tenir en haleine par des promenades d'une lieuë, ou deux au plus; Les Gardes-Eftalons en pourront demander la permiffion par écrit aux Commiffaires-Infpecteurs, qui ne la leur accorderont qu'en connoiffance de caufe, & à condition qu'elle ne pourra avoir lieu fix femaines devant le temps de la monte, & fix femaines aprés, Et que lefdits chevaux reviendront le mefme jour à leur gifte, à peine de Cinquante livres d'amende au profit du dénonciateur.

XIX.

Les mesmes deffenses auront lieu contre les particuliers qui se trouveront chargez des cavales que Sa Majesté aura fait distribuer gratuitement, ou à moitié prix, pour servir à donner de beaux poulains, à peine contre les contrevenans d'estre privez desdites jumens, & de Cent livres d'amende, applicable moitié au profit du dénonciateur, & moitié au profit de la Caisse des Haras : Et les permissions pour les employer à des usages non penibles, leur seront accordées par les Commissaires-Inspecteurs, soit pour monter lesdites cavales, ou les faire labourer dans des terres legeres, à condition que lesdites permissions ne pourront avoir lieu six semaines avant le temps qu'elles doivent mettre bas leurs poulains, & six semaines aprés.

XX.

Deffenses ausdits Gardes de conduire leurs Estalons hors des lieux de leur establissement, soit dans les Foires, Chasteaux ou tels autres endroits que ce puisse estre, pour le service des jumens, ni pour quelqu'autre cause que ce soit, à peine de Cinquante livres d'amende au profit du dénonciateur.

XXI.

Lesdits Estalons ne pourront estre changez, donnez à d'autres, vendus ni coupez, sans une permission expresse des Intendans & Commissaires départis, ou des Commissaires-Inspecteurs, ni remplacez sans leur approbation, à peine de Trois cens livres d'amende contre chacun des contrevenans, d'estre déchûs de tous leurs privileges, & de restituer en entier le prix des chevaux appartenans au Roy, ou donnez à moitié prix aufdits Gardes-Eftalons; ladite amende applicable au profit de la Caiffe des Haras.

XXII.

Et comme il peut arriver que quelques-uns des Eftalons approuvez, feroient tombez dans des accidens confiderables qui les mettroient hors d'eftat de fervir, ou qu'ils viendroient à eftre dégoutez des jumens; dans ce cas les particuliers chargez defdits Eftalons prendront un Certificat du Curé & principaux habitans du lieu, de l'eftat où le cheval fe trouvera, fur lequel ils obtiendront la permiffion de s'en deffaire: Et pour cet effet, ils envoyeront ledit Certificat au Commiffaire-Infpecteur qui en rendra compte à l'Intendant; ils y joindront leurs foumiffions de fe fournir d'autres chevaux pour la monte lors prochaine, fuivant la formule cy-devant mentionnée, à faute de quoy ils feront obligez de donner leur confentement aux habitans de faire fervir leurs jumens par les Eftalons du voifinage, Et ils feront rayez du Rolle defdits Gardes-Eftalons.

XXIII.

Aprés lefdites permiffions obtenuës, les Gardes-Eftalons, s'ils font proprietaires defdits chevaux, pourront les vendre à leur profit; Et à l'égard des Eftalons du Roy qui leur auront efté confiez, ils feront vendus au profit de la Caiffe des Haras, à la diligence des Commiffaires-Infpecteurs.

XXIV.

Toutes les Communautez chargées du foin, nourriture & remplacement d'Eftalons, en vertu de Reglemens, Arrefts & Ordonnances particulieres, feront fujettes à tout ce qui eft prefcrit & ordonné à l'égard des Gardes-Eftalons; Voulant Sa Majefté que dans les cas de contraventions au present Reglement, elles soient condamnées par les Intendans & Commissaires départis, aux peines y portées; Et que les Gardes-Estalons qu'elles auront choisis à cet effet, y soient contrains solidairement avec elles.

XXV.

Les Gardes-Estalons qui n'auront point satisfait à leurs soumissions touchant le remplacement desdits Estalons, seront condamnez en l'amende qu'ils se seront imposée eux-mesmes par leurs soumissions, Et le produit en sera remis à la Caisse des Haras, en vertu des Ordonnances des Intendans & Commissaires départis.

XXVI.

Deffenses à tous Seigneurs de paroisses, Gentilshommes & autres, de quelque qualité & condition qu'ils puissent estre, de se servir par force des Estalons, Cavales & Poulains appartenans à Sa Majesté & aux particuliers, à peine de désobéïssance.

XXVII.

Enjoint aux Gardes-Estalons de fournir au mois de Fevrier de chaque année, un Estat aux Commissaires-Inspecteurs, des Jumens de leurs paroisses & des environs, âge, taille & poil y specifiez, Ensemble le nom des Proprietaires; pour donner ausdits Commissaires la facilité de dresser les Rolles de celles qu'ils destineront à chaque Estalon: Ils prendront la hauteur desdites Cavales avec une ficelle, depuis le Crampon du pied de devant jusqu'au bas de l'Encolure, que l'on appelle le Garot, Et mesureront cette hauteur avec un pied de Roy, sçavoir tant de pieds & tant de pouces, dont ils feront mention sur ledit Estat suivant la Formule en fin du present Reglement, dont il leur sera remis plusieurs Exemplaires; à peine contre lesdits

Gardes-Eſtalons qui y manqueront, de dix livres d'amende au profit de la Caiſſe des Haras.

XXVIII.

LES Gardes-Eſtalons feront mention ſur le Rolle, des Jumens ſervies par l'Eſtalon, dans la colomne deſtinée à cet effet, du nombre des Poulains qui ſeront nez de la monte precedente, en faiſant diſtinction des Poulains d'avec les Pouliches, conformément à la Formule qui leur en ſera fournie : Et ils remettront leſdits Rolles aux Commiſſaires-Inſpecteurs à la fin des montes, à peine de dix livres d'amende au profit de la Caiſſe des Haras.

XXIX.

ILS certifieront & atteſteront les ſuſdits Rolles avant de les remettre aux Commiſſaires-Inſpecteurs, qui les verifieront autant qu'il ſera en leur pouvoir : Et s'il eſtoit reconnu qu'ils euſſent fait de fauſſes declarations, ils feront déchûs de tous leurs Privileges, & condamnez en Cinquante livres d'amende, moitié applicable au profit du dénonciateur, & moitié au profit de la Caiſſe des Haras.

XXX.

ENJOINT aux Gardes-Eſtalons de faire publier dans leurs paroiſſes à l'iſſuë de la grande Meſſe, aux portes des Egliſes, par les Treſoriers, Marguilliers en Charge ou Syndics, auſquels Sa Majeſté Ordonne de le faire ſans frais, leſdits Rolles des Jumens deſignées aux Eſtalons, à peine tant contre les Gardes que contre leſdits Marguilliers ou Syndics, de dix livres d'amende au profit de l'Hoſpital le plus prochain : Seront tenus à cet effet leſdits Gardes, de fournir auſdits Marguilliers ou Syndics copie des Rolles deſdits Commiſſaires-Inſpecteurs.

XXXI.

Et afin que lesdits Gardes-Estalons soient plus exacts à se conformer à ce qui leur est ordonné à cet égard, ils ne pourront pretendre aucun droit de monte contre les redevables qui auront fait saillir leurs Jumens, que de ceux qui seront Employez dans lesdits Rolles.

XXXII.

Enjoint aux Gardes-Estalons de faire servir les Jumens à mesure qu'elles se presenteront, sans aucune distinction ni preference de personnes; en sorte que les premieres Cavales arrivées soient les premieres servies, sans néanmoins qu'ils puissent en faire servir plus de deux par jour, une le matin & une le soir, par chaque Estalon, à peine de vingt livres d'amende au profit du dénonciateur.

XXXIII.

Et s'il arrivoit que plusieurs Jumens devinsent en chaleur en mesme temps, ensorte qu'elles ne pussent estre toutes saillies dans le temps qu'il conviendroit, ledit Garde-Estalon sera tenu de donner un pouvoir par écrit aux habitans à qui elles appartiennent, de les conduire aux Estalons du voisinage; ce qui sera fait sans difficulté, en vertu du pouvoir par écrit dudit Garde-Estalon.

XXXIV.

Sa Majesté permet aux Gardes-Estalons de faire saisir & arrester les Cavales comprises aux Rolles pour estre saillies par leurs Estalons, & qui n'y seront point venuës, lorsqu'elles se trouveront pleines du fait de quelques autres chevaux, si ce n'est de chevaux entiers à eux appartenans; Et de faire assigner lesdits Particuliers pardevant les Intendans & Commissaires départis,

départis, pour voir ordonner la confiſcation deſdites Cavales & des Poulains qui en ſeront provenus, Et eſtre en outre condamnez en cinquante livres d'amende au profit du Garde-Eſtalon.

XXXV.

Et à l'égard des particuliers qui auront refuſé de payer le droit de monte, tel qu'il eſt reglé cy-deſſus; Permet Sa Majeſté aux Gardes-Eſtalons de faire vendre, aprés un ſimple Exploit, les Jumens & Poulains deſdits particuliers, Et ce tant pour le payement dudit droit que des frais de la vente, en juſtifiant de ladite faillie par un Certificat ſigné des Maires, Echevins, Syndics, ou de deux de leurs plus proches voiſins.

XXXVI.

Les particuliers qui donnent leurs Cavales à Cheptel à des Metayers, Bordiers & autres, Et les retirent lorſqu'elles ont eſté ſervies, & qu'elles ont apporté leurs Poulains, laiſſant leſdits Metayers dans l'impuiſſance d'acquitter leſdits droits, s'ils ſont dûs; les Gardes-Eſtalons, dans ce cas, auront leur recours contre leſdits proprietaires, Metayers & Bordiers ſolidairement, Et procederont contre eux de la meſme maniere qu'en l'Article cy-deſſus, par la vente deſdites Cavales & Poulains qui en ſeront provenus.

XXXVII.

Les Gardes-Eſtalons ſeront tenus de conduire & preſenter leurs Eſtalons aux revûës des Intendans & Commiſſaires départis, lors de leurs départemens des Tailles, aux jours & lieux qui leur ſeront indiquez par leurs ordres, ſuivant la formule en fin du preſent Reglement. Et à l'égard de la premiere revûë des Commiſſaires-Inſpecteurs, il leur eſt enjoint de la faire dans les lieux meſmes où les Eſtalons ſont eſtablez.

XXXVIII.

Les Gardes-Estalons qui auront fait leurs soumissions de recevoir un Estalon pour un prix convenu, Et qui l'auront reçû de l'approbation des Intendans & Commissaires départis, seront tenus d'y satisfaire dans les termes portez par lesdites soumissions; à faute de quoy ils y seront contrains par toutes voyes dûës & raisonnables, à la diligence des Commissaires-Inspecteurs. Et la mesme chose à l'égard des Cavales que les particuliers auront prises à condition d'en payer le prix ou partie à Sa Majesté.

XXXIX.

Ils seront tenus de garder un Exemplaire du present Reglement & de la Declaration du 22. Septembre 1709. Ensemble de l'Instruction qui leur est particuliere sur les soins qu'ils doivent prendre de leurs Estalons. Enjoint Sa Majesté ausdits Commissaires-Inspecteurs de les leur faire representer à chaque revûë, à peine contre lesdits Gardes-Estalons qui negligeront de se conformer au present article, de dix livres d'amende au profit de la Caisse des Haras.

XL.

Deffenses aux Commissaires - Inspecteurs de comprendre aucuns Gardes-Estalons dans leurs Procés verbaux, ni de leur delivrer leurs Commissions de Gardes-Estalons, qu'aprés les avoir interrogez sur les Reglemens des Haras, & jugez capables de satisfaire à leurs obligations, par la connoissance qu'ils auront des choses qui leur seront prescrites.

TITRE V.

Proprietaires des Chevaux Entiers, Cavales & Poulains.

ARTICLE PREMIER.

DEFFENSES expreſſes à toutes Communautez, Abbez, Curez, Prieurs, Preſtres, Gentilshommes & tous autres, de quelque qualité & condition qu'ils ſoient, qui auront & tiendront chez eux ou chez leurs Fermiers, Metayers, Bordiers, Cabaniers ou Receveurs, des chevaux entiers, de faire ſervir leſdits chevaux pour la monte des Cavales, ſi ce n'eſt pour celles à eux appartenantes; qu'ils n'ayent eſté vûs & approuvez par les Intendans & Commiſſaires départis, ou par les Commiſſaires-Inſpecteurs des Haras, à peine de confiſcation deſdits chevaux entiers, & de Trois cens livres d'amende à payer par le Proprietaire deſdits chevaux, applicable moitié au profit du denonciateur, & moitié au profit du Garde-Eſtalon du lieu le plus prochain de celuy où la contravention aura eſté commiſe, ſoit que leſdits chevaux ſe trouvent appartenir à des Particuliers ou à des Communautez.

Nota. *Il y a une Ordonnance du Roy du 26. Juin 1718. qui explique cet article, & veut que ces particuliers prennent des permiſſions des Inſpecteurs viſées de Meſſieurs les Intendans pour éviter les abus.* Voyez là cy-aprés au folio 81.

II.

LES meſmes confiſcation de chevaux & amende de Trois cens livres, auront lieu contre les Coureurs, ainſi appellez, qui ſont gens ſans aveu, courant les Campagnes, les Foires & les Marchez dans le temps de la monte, avec des chevaux entiers qu'ils font ſervir comme Eſtalons.

III.

PERMET SA MAJESTÉ à cet effet aufdits Gardes-Eftalons, de fe pourvoir par voye de faifie & arreft des chevaux non approuvez, qui feront le fervice d'Eftalons dans l'eftenduë de leurs paroiffes, foit dans les Ecuries, foit dans les Campagnes, Foires & Marchez, dont la confifcation leur fera adjugée par les Intendans & Commiffaires départis, avec l'amende encouruë par les contrevenans.

IV.

SA MAJESTÉ en confirmant pour toutes les Provinces de fon Royaume, les privileges accordez aux proprietaires des Jumens & Poulains par les Arrefts de fon Confeil des 17. Octobre 1665. 28. Octobre 1683. 15. Juin 1700. & 28. Juin 1715. Ordonne que toutes les Cavales propres à porter de beaux Poulains, qui feront annexées aux Eftalons du Roy ou à ceux approuvez, fuivant les Rolles des Commiffaires des Haras, enfemble les Poulains qui en proviendront, feront exempts de toutes faifies pour le payement de la Taille & autres deniers Royaux, mefme pour dettes de Communautez, fur les fimples certifications des Gardes-Eftalons vifées des Commiffaires des Haras.

V.

LESDITES Jumens & Poulains, dans les cas cy-deffus, ne pourront eftre commandez pour aucune forte de corvées que ce puiffe eftre, ni fous pretexte du fervice des Officiers dans leurs marches; en rapportant par lefdits proprietaires un Certificat du Garde-Eftalon, portant que leurs Jumens font comprifes dans le Rolle de celles annexées à leurs Eftalons, Et que les Poulains en eftat d'eftre commandez pour le ſervice deſdits Officiers & autres corvées, proviennent du fait deſdites Jumens.

VI.

ENJOINT à tous particuliers & habitans des paroiſſes, de quelque qualité & condition qu'ils ſoient, de declarer au commencement de chaque année aux Maires, Conſuls, Syndics ou Collecteurs, le nombre de leurs Jumens, leur poil, âge & taille, à peine de vingt livres d'amende contre ceux qui n'auront point ſatisfait à cette Declaration, au profit du dénonciateur.

VII.

DEFFENSES à toutes ſortes de perſonnes, de quelque qualité & condition qu'elles puiſſent eſtre, ayant des Jumens propres à porter des Poulains, de les mener pour eſtre ſaillies à d'autres chevaux que ceux qui ſeront approuvez & qui leur ſeront deſignez par les Rolles des Commiſſaires-Inſpecteurs, ni de faire uſage des chevaux non approuvez qui leur pourront eſtre amenez pour ſervir leſdites Jumens, dans les paroiſſes où il y en a déja d'eſtablis, à peine de confiſcation des Cavales qui ſe trouveront avoir eſté ainſi couvertes, & des Poulains qui en ſeront provenus, Et de cinquante livres d'amende contre les contrevenans, applicable moitié au profit du Garde-Eſtalon le plus prochain, outre le droit de monte qui luy ſera payé par leſdits proprietaires pour chaque Cavale saillie en contravention, Et l'autre moitié au profit du dénonciateur.

VIII.

LES particuliers qui auront fait ſaillir leurs Jumens par des Eſtalons approuvez, Et qui n'auront pas payé aux Gardes les droits à eux attribuez, y ſeront contrains par la vente de leurs Jumens & Poulains qui en seront provenus, en vertu du present Reglement, sans qu'il en soit besoin d'autre, nonobstant oppositions ou appellations quelconques, attendu la nature & qualité du fait.

IX.

SA MAJESTÉ ne voulant point gêner la liberté du commerce que les particuliers peuvent faire de leurs Jumens propres à porter des Poulains, quoy qu'employées dans les Rolles pour estre servies par les Estalons approuvez; Elle entend qu'il leur soit libre de les vendre, & de s'en défaire toutesfois & quantes que bon leur semblera.

X.

DEFFENSES aux proprietaires des Jumens, qui en auront de galeuses, de les laisser aller au pasturage avec les Jumens saines, à peine de confiscation desdites Jumens galeuses, & de vingt livres d'amende contre chacun desdits proprietaires au profit du dénonciateur; Et la mesme chose contre les proprietaires des Chevaux morveux, qui les envoyeront dans les pâtures publiques.

XI.

DEFFENSES aux proprietaires des Pouliches, de les faire couper à quelqu'âge que ce soit; Et à tous Marêchaux & autres particuliers, de faire pareilles operations sans une permission par écrit du Commissaire, à peine de cinquante livres d'amende contre les contrevenans, applicable moitié au profit du dénonciateur, & moitié au profit de l'Hôpital le plus prochain.

XII.

ORDONNE Sa Majesté que les Poulains entiers, d'un an & au dessus, qui seront surpris dans les pâturages mêlez parmi les Cavales, ſans eſtre entravez du pied de devant à celuy de derriere en croiſant, ſeront confiſquez & hongrez par le premier Mareſchal des lieux aux dépens des proprietaires; leſquels ſeront en outre condamnez en vingt livres d'amende ſans déport, le tout applicable au profit du dénonciateur.

XIII.

LESDITS Poulains entiers ſeront tenus dans des paſtures ſeparées ou fermées, Et ſans aucune communication avec les Jumens dans les communes, uſages & paſturages, pendant le temps de la monte ſeulement, ſous les meſmes peines cy-deſſus.

XIV.

DEFFENSES aux proprietaires des Poulains, de les aller prendre dans les Pacages pendant la nuit pour faire ſaillir leurs Jumens & autres, à peine de confiſcation deſdits Poulains, Et de Trois cens livres d'amende, applicable moitié au dénonciateur, & moitié au profit du Garde-Eſtalon le plus prochain.

TITRE VI.

Proprietaires des Bouriquets, autrement appellez Animaux.

ARTICLE PREMIER.

DEFFENSES à toutes perſonnes, de quelque condition qu'elles puiſſent eſtre, de tenir aucuns Bouriquets pour ſervir les Cavales, qu'ils n'ayent eſté vûs & approuvez par les Commiſſaires-Inſpecteurs, qui en donneront leurs Certificats aux particuliers, dans leſquels ils feront mention de l'âge, poil & taille deſdits

Animaux, à peine contre les contrevenans, de confiscation de leurs Bouriquets, Et de Trois cens livres d'amende, applicable moitié au profit du denonciateur, & moitié à celuy de la Caisse des Haras.

II.

Les Commissaires-Inspecteurs ne pourront accorder lesdites permissions, qu'aux seuls Gardes-Estalons chargez de Chevaux approuvez; Et ce dans les Provinces où il plaira à Sa Majesté authoriser cet establissement, à peine d'en répondre.

III.

Les Gardes-Estalons ne pourront faire saillir par lesdits animaux aucunes Cavales au-dessus de quatre pieds, à prendre de l'extremité de la Criniere prés le Garot, jusqu'à la couronne du pied, à peine de confiscation de leurs Bouriquets, & de vingt livres d'amende, applicable moitié au profit du dénonciateur, & moitié au profit de la Caisse des Haras.

IV.

Deffenses aux Proprietaires des Jumens au-dessus de quatre pieds, de les mener aux Bouriquets, à peine de confiscation desdites Cavales, Et de vingt livres d'amende pour chaque contravention, applicable comme dessus, si ce n'est en vertu de permission par écrit du Commissaire-Inspecteur.

V.

Deffenses à toutes personnes de laisser aucuns Mulets ni Baudets paistre avec les Jumens, s'ils ne sont entravez d'un pied de devant à un de derriere en croisant, ensorte qu'ils ne puissent les courir, à peine de confiscation desdits Mulets & Baudets, Et de vingt livres d'amende au profit du dénonciateur.

VI.

VI.

Le Droit pour la saillie des Jumens par les Bouriquets, ayant esté exigé d'une maniere assez arbitraire par les proprietaires desdits animaux, depuis vingt sols jusqu'à un écu, dans les differens départemens; Sa Majesté ordonne aux Intendans & Commissaires départis, de rendre leurs Ordonnances dans quinzaine du jour de la publication du present Reglement, pour fixer cette retribution d'une maniere égale, avec deffenses aux Gardes-Estalons ou proprietaires desdits animaux de rien exiger au-delà, à peine de vingt livres d'amende au profit du dénonciateur.

TITRE VII.

Maires, Eschevins, Consuls, Syndics & Collecteurs des Paroisses.

ARTICLE PREMIER.

Veut Sa Majesté que dans un mois du jour & datte du present Reglement, Et pour les années suivantes au premier Avril de chacune d'icelles, à la diligence des Maires, Eschevins, Jurats, Consuls, Lieutenans, Députez, Degants, Procureurs, Syndics, Fabriquans, Tresoriers, Marguilliers & Collecteurs des Villes, Bourgs & Paroisses; il soit fait un Rolle signé & certifié d'eux, contenant le nombre des Jumens qui se trouveront dans chaque paroisse, dans lequel ils specifieront au vray leur âge, poil, hauteur, épaisseur, & le nom & domicile des particuliers, de quelque qualité & condition qu'ils soient, tant Ecclesiastiques, Nobles, Privilegiez ou Roturiers à qui elles appartiennent, avec la quantité & qualitez de Prez, Herbages, Pâturages, Pacages, Uſages, Marais, Bruyeres & Landes qu'ils poſſedent, ſur la declaration qui leur en ſera faite & ſignée par chacun deſdits habitans ſans y rien obmettre, à peine contre leſdits Particuliers qui refuſeront de le faire, ou qui auront fait de fauſſes declarations, de vingt livres d'amende applicable moitié au profit du dénonciateur, & l'autre moitié à l'Hôpital le plus prochain.

II.

ENJOINT auſdits Conſuls, Syndics & autres cy-deſſus denommez, de remettre leſdits Rolles dans les meſmes délays, ſelon la formule en fin du preſent Reglement, aux Subdeleguez des Intendans & Commiſſaires départis; Et faute par eux d'y ſatisfaire, ils y ſeront contrains par empriſonnement de leurs perſonnes, & condamnez chacun en leurs propres & privez noms en cinquante livres d'amende, applicable moitié au profit de la Caiſſe des Haras, & moitié à l'Hôpital le plus prochain.

III.

VEUT SA MAJESTÉ que par leſdits Subdeleguez il ſoit dreſſé chaque année un Eſtat des Communautez qui n'auront point ſatisfait à ce qui leur eſt preſcrit cy-deſſus, pour eſtre ledit Eſtat par eux envoyé aux Intendans & Commiſſaires départis, à peine contre leſdits Subdeleguez d'en repondre en leurs propres & privez noms.

IV.

ILS fourniront leurs Certificats de remiſe deſdits Rolles, aux Syndics & autres qui les leur auront remis, leſquels ils envoyeront aux Intendans & Commiſſaires départis, qui chargeront les Commiſſaires-Inſpecteurs d'en dreſſer un Eſtat general pour chaque département.

V.

VEUT Sa Majeſté que le preſent Reglement, enſemble la Declaration du 22. Septembre 1709. touchant les privileges des Gardes-Eſtalons, ſoient & demeurent és Greffes ou Archives des Communautez & paroiſſes où il ſe trouve des Eſtalons approuvez; Et que lecture ſoit faite tous les ans à la ſortie des Meſſes paroiſſiales, des articles qui concernent la Police de cet eſtabliſſement, à peine contre les Conſuls & Syndics, de vingt livres d'amende applicable au luminaire deſdites paroiſſes.

VI.

ENJOINT auſdits Maires, Conſuls & Syndics, de donner communication de leurs Regiſtres ou Cadaſtres aux Commiſſaires deſdits Haras, toutesfois & quantes qu'ils en ſeront par eux requis, par rapport aux verifications qu'ils auront à faire du nombre d'arpens de Prez, Pâturages, Pacages, Marais & Bruyeres appartenans aux habitans de leurs paroiſſes ou communautez, à peine de déſobéïſſance.

TITRE VIII.

Gardes-Haras.

ARTICLE PREMIER.

LES Gardes-Haras ſeront preſentez aux Intendans & Commiſſaires départis, par les Commiſſaires-Inſpecteurs; ils prendront une Commiſſion deſdits Intendans auſquels ils preſteront ſerment; Et joüiront des privileges des Gardes-Eſtalons, aux termes de la

Declaration du 22. Septembre 1709. & du present Reglement.

II.

ILS recevront leurs Instructions des Commissaires-Inspecteurs, Et seront à leurs ordres pour tout ce qui concernera le service des Haras.

III.

ILS feront toutes les saisies de Chevaux entiers, Poulains, Cavales, Baudets & Mulets, dans tous les cas de contravention au present Reglement, dont ils dresseront leurs Procés verbaux, qu'ils remettront ausdits Commissaires-Inspecteurs, à la diligence desquels toutes poursuites seront faites; Ils feront à cet effet les sommations necessaires aux contrevenans & opposans, de comparoistre devant les Intendans & Commissaires départis, pour se voir condamner aux peines par eux encouruës, & en leurs frais & dépens.

IV.

ILS profiteront de la part des dénonciateurs dans tous les cas de confiscation & amendes, lorsqu'ils auront surpris eux-mesmes les particuliers en faute, & justifié des contraventions dont il sera question; Sa Majesté se reservant de leur faire des gratifications selon le merite de leurs diligences, sur les Recettes extraordinaires au profit desdits Haras.

V.

ENJOINT aux Maires, Echevins & Consuls des Villes, Bourgs & Paroisses, de se transporter dans l'Estenduë de leurs districts, lorsqu'ils en seront requis par lesdits Gardes-Haras, Et de leur donner toute assistance & main-forte en cas de besoin, à peine de desobéissance.

TITRE IX.

Huissiers & Sergens.

ARTICLE PREMIER.

ENJOINT à tous Huissiers & Sergens, de se transporter par tout où ils seront appellez à la requisition des Commissaires-Inspecteurs, sous-Inspecteurs, Visiteurs des Haras, & des Gardes-Estalons, pour toutes saisies, sommations, injonctions, deffenses, commandemens & autres actes, exploits & executions, à la Requeste de qui il appartiendra, en vertu du present Reglement & des executoires des Intendans & Commissaires départis contre les contrevenans; Et de fournir leurs Procés verbaux touchant lesdites contraventions & poursuites, aux Commissaires-Inspecteurs, à peine de tous dépens, dommages & interests procedans du retardement, Et d'interdiction qui sera prononcée par les Intendans & Commissaires départis, sur les Procés verbaux de plainte des Commissaires-Inspecteurs ou des Gardes-Estalons, signez de deux témoins.

II.

SA MAJESTÉ entend à l'égard des confiscations & amendes prononcées contre les contrevenans au present Reglement, que tous les frais qui auront esté faits pour y parvenir, seront préalablement pris & prelevez.

III.

DEFFENSES à tous Huissiers & Sergens, de faire aucune saisie des Jumens comprises aux Rolles des

Commiſſaires-Inſpecteurs, pour eſtre ſervies par les Eſtalons approuvez, Et des Poulains qui en seront provenus, pour quelque dette que ce puiſſe eſtre, ſinon dans les cas où leſdites Jumens ſe trouveroient encore dûës aux vendeurs, ou pour raiſon des droits qui ſeroient dûs aux Gardes-Eſtalons pour le ſault deſdites Cavales, à peine de payer en leurs propres & privez noms les Jumens qu'ils auroient ſaiſies & deplacées.

VEUT Sa Majeſté que le preſent Reglement & la Declaration du 22. Septembre 1709. ſoient gardez & obſervez dans tout le Royaume, abrogeant tous Arreſts, Ordonnances & Reglemens contraires aux diſpoſitions y contenuës. MANDE & ordonne aux Intendans & Commiſſaires départis dans les Provinces & Generalitez, d'y tenir ſoigneuſement la main, Et de le faire publier dés-à-preſent par tout où beſoin ſera, à ce qu'aucun n'en prétende cauſe d'ignorance. Enjoint pareillement aux Commiſſaires-Inſpecteurs des Haras, de l'executer de point en point en ce qui les regarde. FAIT à Paris le vingt-deux Fevrier mil ſept cens dix-ſept. *Signé* LOUIS. *Et plus bas*, PHELYPEAUX.

ENSUIVENT LES FORMULES.

PREMIERE formule de Soumiſſions de particuliers qui s'obligent de fournir, de recevoir ou de remplacer un Eſtalon.

JE ſouſſigné promets à M. Commiſſaire-Inſpecteur des Haras au département de d'acheter à mes frais, avant le temps de la monte prochaine, un Eſtalon de l'âge, tournure & qualité requiſes pour le ſervice des Jumens de ce canton; Et de luy repreſenter ledit Eſtalon à ſa premiere revûë, pour eſtre approuvé s'il y a lieu, Et obtenir ſur ſon Certificat la commiſſion de Garde-Eſtalon ſignée de M. l'Intendant: A quoy je m'oblige à peine d'eſtre privé des privileges attachez à ladite commiſſion, & de cent livres d'amende au profit de la Caiſſe des Haras. Fait à le Et ſi le Garde ne ſçait pas ſigner, il fera ſa marque en preſence de deux témoins.

Autre.

JE soussigné promets à M. Commissaire-Inspecteur des Haras du département de de recevoir un Estalon du Roy pour le service des Jumens de ce canton; Et d'en payer une plus value de aussitost qu'il m'aura esté remis & confié; à la charge par mondit Sieur, de me delivrer la commission de Garde-Estalon signée de M. l'Intendant: Et faute par moy de satisfaire à la presente soumission, je m'oblige de payer entre les mains dudit Sieur Commissaire la somme de cent livres au profit de la Caisse des Haras. Fait à le

Autre.

JE soussigné promets à M. Commissaire-Inspecteur des Haras au département de d'acheter à mes frais, avant le temps de la monte prochaine, un Estalon de l'âge, tournure & qualité requises, en remplacement de celuy que j'ay tenu jusques à present, qui a esté cassé comme inutile pour le service des Haras; à quoy je m'oblige à peine d'estre privé des privileges attachez à ma commission, Et de cent livres d'amende au profit de la Caisse des Haras. Fait à le

SECONDE

SECONDE FORMULE.

Certificat du Commissaire-Inspecteur pour un Garde-Estalon dont ledit Commissaire a approuvé le cheval.

NOUS Commissaire-Inspecteur des Haras au département de Certifions que le de la paroisse de Election de ou Baillage de ou Evêché de Nous a presenté un cheval entier de tel pays de la hauteur de âgé sous poil marqué beau & bien tourné, qu'il desire faire servir d'Estalon pour les Jumens de son canton qui sont en nombre suffisant & de taille à produire de beaux poulains ; Et que led est tres entendu au fait de ce service : Pourquoy Nous supplions M. l'Intendant de vouloir bien luy accorder la Commission de Garde-Estalon qui luy est necessaire pour se faire reconnoistre en ladite qualité, & joüir de tous les droits, privileges & exemptions, attachez à ladite Commission. S'obligeant led de se conformer aux Ordonnances & Instructions données sur le fait des Haras, dont Nous luy avons remis un exemplaire qu'il a lû en nostre presence. Fait à le

Si c'est un cheval du Roy, que le Commissaire luy doive fournir pour une somme convenuë, ou s'il promet d'en presenter un pour la monte lors prochaine, ou par remplacement, le Certificat sera libellé conformément à la soumission.

TROISIEME FORMULE.

Commiſſion des Srs Intendans pour un Garde-Eſtalon.

DE PAR LE ROY.

Noms & qualitez des Intendans.

SA MAJESTE' Nous ayant confié le ſoin des Haras dans toute l'eſtenduë de noſtre département, Et chargé du choix de Sujets capables & intelligens ſur le fait des chevaux, pour tenir les Eſtalons qu'elle veut bien faire diſtribuer, ou qu'elle Nous permet d'approuver. Nous avons eſté informez que tel demeurant dans la paroiſſe de Election de ou Baillage, ou Evêché de a fait acquiſition d'un cheval ſous poil âgé de de pieds pouces de hauteur, d'un moule & d'une tournure à produire de belles races; Et qu'il deſireroit avoir noſtre permiſſion de le tenir à titre de Garde-Eſtalon pour le ſervice des Jumens de ſon canton, & obtenir ſur ce noſtre commiſſion. Vû le Certificat donné en faveur dudit par M. Commiſſaire-Inſpecteur des Haras au département de portant que ledit cheval a toutes les qualitez cy-deſſus, que led. eſt tres capable d'en prendre un ſoin particulier, & qu'il a une connoiſſance entiere de ce ſervice; Que d'ailleurs dans ladite paroiſſe & celles qui l'avoiſinent, il s'y trouve de fort belles Jumens, de taille, & propres à produire de beaux Poulains, que les pâturages y ſont bons & en quantité ſuffiſante ſuivant le dénombrement qui en a eſté fait par ledit Sieur Commiſſaire-Inſpecteur.

NOUS en vertu du pouvoir qui Nous est attribué par le Reglement de Sa Majesté du 22. Fevrier 1717. avons approuvé & approuvons ledit Estalon, pour le tenir dans la paroisse de   pour la commodité publique & la perfection des Haras de nostre département. Ordonnons en consequence que led.   sera par Nous taxé d'office à la Taille, & pour raison des impositions du Sel, de l'Ustencile, Dixiéme, Capitation & autres contributions presentes & à venir, de quelque nature qu'elles puissent estre. Qu'il joüira de l'exemption de la Collecte des Tailles, de l'impost du Sel, Capitation, Dixiéme & autres nominations, par quelque recouvrement que ce puisse estre; de l'exemption de tutelle, curatelle, nomination à icelles, Guet & Garde des villes & costes, & de logemens de gens de Guerre, de tous convoys, fournitures de chariots, corvées & autres services des Troupes dans les marches, de toutes charges publiques, & notamment de nomination au Syndicat; Et que celuy de ses enfans, ou le valet auquel il aura confié le soin dudit Estalon, sera exempt de tirer au billet pour la Milice : Et qu'attendu ledit privilege de l'exemption de logement de gens de Guerre, il ne pourra estre compris dans les Rolles des Collecteurs pour raison de l'imposition appellée petite Ustencile & bien vivre des Cavaliers en quartier d'hyver dans nostre Generalité; Et dispensé de l'enregistrement de la presente Commission qui aura son effet de cejourd'huy : Et joüira en outre de trois livres & un boisseau d'avoine pour le sault de chaque Jument.

ENJOIGNONS aud.   d'observer les Reglemens & Instruction donnez sur le fait des Haras, Et de suivre exactement tout ce qui luy sera prescrit &

ordonné par ledit Sr Commiſſaire-Inſpecteur, pour le bien, la perfection & le bon ordre deſdits Haras, ſans y contrevenir directement ni indirectement, ſous les peines portées par ledit Reglement.

MANDONS au S.[r] noſtre Subdelegué à de tenir la main à ce que led. ſoit maintenu dans la joüiſſance de ſes privileges, conformément à la Declaration du Roy du 22. Septembre 1709. & au Reglement du 22. Fevrier 1717. Et de Nous rendre compte du trouble qui pourroit y eſtre apporté, à peine d'en répondre. FAIT à le

S'il s'agit d'un cheval du Roy, donné ou approuvé par le Commiſſaire, la commiſſion ſera libellée en conformité de la ſoumiſſion du Garde-Eſtalon, & du Certificat du Commiſſaire des Haras.

QUATRIÉME formule pour la Reconnoissance generale & particuliere des Départemens.

ESTAT

De la Visite des Communautez & Lieux particuliers du Département de par rapport à l'Establissement des Haras.

Election de Baillage ou Evêché de	Noms des Communautez ou paroisses.	Noms des Rivieres ou Ruisseaux qui arrosent lesdites paroisses.	Nombre des particuliers qui ont des Jumens.	Jumens de la premiere classe.	Jumens de la seconde classe.	J[illegible] tro[illegible] c[illegible]

Prez, la quantité d'Arpens.	Herbages à engraiſſer, la quantité d'Arpens.	Pâturages, la quantité d'Arpens.	Pacages, Marais, Landes ou Communes ſuivant les differentes denominations des Pays.	Total de la quantité d'Arpens.	Noms des Foires aux chevaux qui ſont à portée deſdites paroiſſes, & les jours qu'elles ſe tiennent.	L'eſpece d'Eſtalons convenable par rapport à celle des Jumens, & nourri de chaque Paroiſſe.

Cette Formule ſera envoyée aux Maires, Conſuls & Syndics des Paroiſſes, Et accompagnée d'une Lettre deſdits S.rs Intendans, pour leur expliquer qu'ils doivent remettre leſdits Eſtats certifiez d'eux & en bonne forme aux Subdeleguez, auſquels il ſera donné avis de l'Envoy deſdits ordres afin qu'ils puiſſent tenir la main à l'Execution des Intentions du Roy à cet égard. Leſdits S.rs Intendans joindront à la preſente Formule un Extrait du Reglement des Haras pour ce qui concerne les obligations deſdits Maires, Conſuls & Syndics. Il n'y aura que le Titre à changer à cette Formule qui doit ſervir au Commiſſaire pour ſon département en general, Et aux Conſuls & Syndics pour une paroiſſe en particulier.

CINQUIE'ME

NQUIEME formule du Rolle des Jumens des paroisses qui composent le district d'un Garde-Estalon, qu'il est tenu de remettre au Commissaire-Inspecteur avant le temps de la Monte.

aroisses.	Noms & qualitez des Proprietaires.	Nombre des Jumens.	Taille.	Poil.	Age.
otal desdites Jumens....					

FAIT & certifié veritable par Nous Garde-Estalon de la paroisse de à le

SIXIEME formule du Rolle des Cavales qui seront envoyées à l'Estalon qui est à la Garde de dans la Paroisse de pendant la presente année 17

SÇAVOIR,

	Paroisses.	Taille.	Poil.	A
La Cavale de . . .				
La Cavale de . . .				
La Cavale de . . .				
Total.				

Tous les Proprietaires des Cavales comprises au present Rolle, sont avertis de les amener à l'Estalon cy-dessus designé, & de payer audit Garde-Estalon Trois livres & un boisseau d'Avoine mesure de Paris, pour les trois sauts de chaque Cavale qui n'aura pas retenu la premiere fois, à peine de Cinquante livres d'amende & de confiscation desdites Jumens s'ils les font couvrir par d'autres chevaux, applicable au profit dudit Garde-Estalon, conformément au Reglement des Haras, outre ses Droits ordinaires : Enjoint au Syndic de ladite Paroisse, de lire le present Rolle trois Dimanches consecutifs pendant le temps de la Monte, à la Porte de l'Eglise à l'issuë de la grande Messe. FAIT Triple à le

SEPTIEME formule de l'Extrait du Rolle cy-dessus, pour estre envoyé dans les paroisses qui avoisinent celle où l'Estalon est estably, afin que les proprietaires des Cavales comprises audit Rolle n'en puissent prétendre cause d'ignorance.

IL est ordonné à de la Paroisse de d'amener s Cavale à l'Estalon qui est à la Garde de dans la Paroisse de à la Monte prochaine, Et de luy payer Trois livres & un boisseau d'Avoine mesure de Paris, pour les Trois sauts de chaque Cavale qui n'aura pas retenu la premiere fois, à peine de Cinquante livres d'amende & de confiscation de ladite Cavale s'il la fait couvrir par d'autres chevaux, applicable au profit dudit Garde-Estalon, conformément au Reglement des Haras, outre ses Droits ordinaires. Fait à le

HUITIÉME formule du Rolle que le Roy Ordonne aux Gardes-Estalons d'observer soigneusement, touchant la saillie des Cavales qui seront amenées aux Estalons dont ils sont chargez.

On repetera le Rolle des Jumens annexées ausdits Estalons.	Poulains nez de la derniere monte.	Pouliches nées de la derniere monte.	Jumens avortées.	Jumens mor[illegible] ou venduës [illegible] les proprieta[illegible] depuis la confection [illegible] Rolle.
La Jument de . . .				
La Jument de . . .				
La Jument de . . .				
La Jument de . . .				
Total des Jumens . .				

FAIT & certifié veritable par Nous Garde-Estalon de la Paroisse de aux peines du Reglement du Roy concernant les Haras, à le

NEUFVIEME formule d'ordre d'avertissement aux Habitans d'une Paroisse, de presenter au jour & lieu marquez, leurs Jumens au Commissaire-Inspecteur, par rapport au choix qu'il doit faire de celles qui seront servies par l'Estalon de ladite Paroisse.

DE PAR LE ROY.

Qualitez des S.rs Intendans.

IL est ordonné aux Habitans de la Paroisse de Election, Baillage, ou Evêché de de quelque qualité & condition qu'ils soient, de faire trouver leurs Cavales le tel jour, en tel lieu où M. Commissaire-Inspecteur des Haras du département a ordre de se trouver, pour dresser le Rolle des Cavales qui doivent estre servies par l'Estalon de la Paroisse de au temps de la Monte prochaine, à peine contre les Particuliers qui y auront manqué, de Dix livres d'amende. Enjoint aux Consuls & Syndics de ladite Paroisse de faire afficher le present ordre à la Porte de l'Eglise Paroissiale au moment de sa Reception, à peine d'en répondre. Fait à

DIXIE'ME formule de Procés Verbal de la

Procés Verbal de la premiere Visite

Année

Noms des Paroisses.	Noms & qualitez des Gardes-Estalons.	Estalons Royaux.	Estalons approuvez.

Premiere Visite du Commissaire-Inspecteur.

des Haras du Département de

17

Pays des Estalons.	Taille, pieds & pouces.	Poil, âge & qualitez.	Années de service.	Changemens arrivez depuis la precedente visite.

Recapitulation.

	Année 17	Année 17	Augmentation.	Diminution.
Estalons Royaux.				
Estalons approuvez.				
Totaux				

FAIT & Certifié par Nous Commissaire des Haras, à
le 17

Vû

ONZIE'ME

ONZIEME formule d'ordre d'avertissement aux Gardes-Estalons pour la Revûë du S.r Intendant, lors du département des Tailles.

DE PAR LE ROY.

Qualitez dudit S.r Intendant.

IL est ordonné au S.r ou au nommé Garde-Estalon de la Paroisse de de se trouver tel jour, telle heure, en tel lieu avec son cheval ou ses chevaux, pour y passer en revûë devant Nous & en presence de M. Commissaire-Inspecteur; Et de Nous representer le Rolle de la quantité des Cavales qui ont esté servies à son Haras pendant la derniere Monte, Et des Poulains & Pouliches provenus de la Monte precedente, suivant la formule qui luy en a esté fournie par ledit S.r Commissaire-Inspecteur; à peine d'estre privé des Privileges accordez aux Gardes-Estalons, Et de Trente livres d'amende. Fait à le

Si le Garde-Eſtalon tient un ou pluſieurs Bouriquets, il luy ſera ordonné de repreſenter pareillement le Rolle de la ſaillie deſdits animaux, & de leur produit.

DOUZIE'ME formule de Procés Verbal de la feconde Vifite du Commiffaire-Infpecteur.

Procés Verbal de la feconde Vifite des Haras du Département de

Année 17

Noms des Paroiſſes.	Noms & qualitez des Gardes-Eſtalons.	Eſtalons Royaux.	Eſtalor approuv

umens saillies.	Poulains nez.	Pouliches nées.	Total des Poulains & Pouliches.	Estalons à remplacer.

Recapitulation.

	Année 17	Total.	Année 17	Total.	Augmentation.	Dim tio
Eſtalons Royaux.						
Eſtalons approuvez.						
Jumens ſautées à la Monte derniere.						
Poulains nez de la Monte de l'année precedente.						
Pouliches nées, id.						

FAIT & Certifié par Nous Commiſſaire des Haras, à
le 17

Vû

TREIZIEME formule de l'Estat des Foires de chevaux, qui se tiennent dans l'estenduë du Département de

Noms des Elections, Baillages ou Evêchez.	Noms des Lieux où se tiennent les Foires.	Les jours & mois ausquels se tiennent lesdites Foires.	La quantité à peu prés de chevaux & de poulains qu'on mene à chacune Foire.	De quels Pays & cantons on les amene.	De quelles especes, & les usages ausquels ils sont propres.	Le prix ordinaire des poulains, depuis un an jusqu'à trois.

Fait à Paris le vingt-deuxiéme jour de Fevrier mil sept cens dix-sept. *Signé* LOUIS. *Et plus bas*, PHELYPEAUX.

DECLARATION

DECLARATION DU ROY,

Portant confirmation des Privileges attribuez aux Gardes des Estalons establis pour les Haras du Royaume.

Du 22. Septembre 1709.

LOUIS PAR LA GRACE DE DIEU ROY DE FRANCE ET DE NAVARRE : A tous ceux qui ces Presentes Lettres verront, SALUT. L'attention particuliere que Nous avons donnée depuis longtemps au restablissement & à l'augmentation des Haras dans nostre Royaume, Nous a porté à accorder par differens Arrests de nostre Conseil, des Exemptions & des Privileges aux Particuliers chargez de la Garde des Estalons que Nous avons fait distribuer dans les Provinces, ou qu'ils ont acheptez de leurs deniers, avec l'approbation des Commissaires des Haras, afin de les encourager d'autant plus à les entretenir en bon estat.

C'EST dans cet esprit, que par Arrest de nostre Conseil du 17. Octobre 1665. Nous avons dechargé lesdits Gardes-Estalons de Tutelle, Curatelle, Logement de gens de Guerre, Guet & Garde des Villes & Costes de nostre Royaume, mesme de la Collecte des Tailles, & de trente livres sur leurs taux de taille, ſur le pied de leur impoſition aux Rolles de ladite année 1665. ſans quils puiſſent eſtre augmentez, ſinon en cas d'augmentation de biens, & au ſol la livre des impoſitions qui pourroient eſtre faites dans la ſuite; Et ce durant le temps qu'ils ſe trouveroient chargez deſdits Eſtalons.

NOUS les avons maintenus dans ces Privileges par autre Arreſt de noſtre Conſeil du 28. Octobre 1683. par lequel Nous avons en outre attribué aux Commiſſaires départis pour l'execution de nos ordres, privativement à tous nos autres Juges, la connoiſſance des Procés qui pourroient eſtre intentez auſdits Gardes-Eſtalons pour raiſon deſdits Privileges : Mais l'Exemption de trente livres de taille, dont ils joüiſſoient aux termes de ces Arreſts, ayant dans la ſuite paru trop à charge à nos Sujets taillables, Nous avons jugé à propos de la revoquer, ainſi que pluſieurs autres Exemptions & Privileges, par noſtre Declaration du 29. Octobre 1689. Et depuis, pour mettre leſdits Gardes-Eſtalons à couvert des entrepriſes des Collecteurs, qui par envie les impoſoient arbitrairement dans leurs Rolles à des ſommes exceſſives, Nous avons ordonné par Arreſt de noſtre Conſeil du 21. May 1695. qu'à l'avenir, & à commencer au département lors prochain, leſdits Gardes-Eſtalons dans les Pays taillables ſeroient taxez d'office par les Intendans & Commiſſaires par Nous départis dans leſdites Provinces, au pied des Mandemens des Tailles des Paroiſſes dans leſquelles ils feroient leur domicile, à la ſomme qu'ils croiroient que leſdits Gardes-Eſtalons pourroient porter par proportion à leur commerce & facultez, ſans que ſous quelque pretexte que ce ſoit, les Collecteurs puiſſent augmenter leſdites Taxes, à peine de repondre en leurs noms des augmentations, sans esperance de reject sur les Communautez, quand bien mesme ils en auroient un pouvoir des Habitans; sauf néanmoins ausdits Collecteurs à se pourvoir par Requeste, dans la quinzaine du jour que les Mandemens leur auroient esté delivrez, devant lesdits Commissaires départis, pour demander des augmentations sur les Taxes desdits Gardes-Estalons, s'il y a lieu : sur lesquelles Requestes à eux communiquées sera fait droit par lesdits Commissaires, avant que les Rolles des Tailles soient arrestez, avec deffenses, en cas de refus de la part desdits Commissaires ou d'appel de leurs Ordonnances, de se pourvoir ailleurs qu'en nostre Conseil.

Et quoyque Nous eussions lieu de croire qu'aprés des dispositions si précises, lesdits Gardes-Estalons ne seroient plus troublez dans lesdits Privileges & Exemptions; Nous sommes néanmoins informez, que sous pretexte que par l'Article XIX. de nostre Edit du mois de Septembre 1706. donné en interpretation de celuy du mois d'Aoust 1705. par lequel Nous avons confirmé lesdits Gardes-Estalons dans les Exemptions & les Privileges dont ils joüissoient alors en vertu des Arrests de nostre Conseil des 28. Octobre 1683. 2. Janvier 1684. & autres Arrests depuis rendus; il a esté obmis de faire mention dudit Arrest de nostre Conseil du 21. May 1695. les Habitans & Collecteurs des Paroisses taillables affectent d'imposer lesdits Gardes-Estalons dans leurs Rolles, & d'augmenter leurs Taxes d'office; Et les Maires & Eschevins leur envoyent journellement des Logemens de gens de Guerre, & les troublent dans leurs autres Privileges & Exemptions : à quoy desirant pourvoir, & expliquer plus précisément nos intentions à cet égard. A ces Causes, de nostre certaine ſcience, pleine puiſſance & authorité Royale, Nous avons dit, declaré & ordonné, Et par ces Preſentes ſignées de noſtre main, diſons, declarons & ordonnons, voulons & Nous plaiſt.

ARTICLE PREMIER.

QUE conformément à l'Arreſt de noſtre Conſeil du 21. May 1695. leſdits Gardes-Eſtalons dans les Pays taillables, ſoient à l'avenir & à commencer au département prochain, taxez d'office à la Taille par les Intendans & Commiſſaires départis dans leſdites Provinces, au pied des Mandemens des Tailles des Paroiſſes dans leſquelles ils feront leurs demeures, à la ſomme qu'ils jugeront que leſdits Gardes-Eſtalons devront porter à proportion de leur commerce, tenures & facultez.

II.

DEFFENDONS aux Collecteurs deſdites Paroiſſes, d'augmenter les Cottes deſdits Gardes-Eſtalons pour quelque cauſe & ſous quelque pretexte que ce ſoit; à peine d'en répondre en leurs propres & privez noms, ſans aucune eſperance de rejet ſur les Communautez, quand meſme ils en auroient un pouvoir précis des Habitans.

III.

PERMETTONS néanmoins auſdits Collecteurs, de ſe pourvoir dans la quinzaine du jour que les Mandemens leur auront eſté delivrez, devant leſdits Commiſſaires départis, pour leur propoſer les augmentations qu'ils croiront devoir eſtre par eux faites au pardeſſus deſdites Taxes d'office, paſſé lequel délay de quinzaine ils n'y feront plus reçûs; Et deffendons auſdits Commiſſaires départis d'y avoir aucun égard.

IV.

ORDONNONS qu'en cas de refus de la part desdits Commissaires départis ou d'appel de leurs Ordonnances, lesdits Collecteurs se pourvoiront par devers Nous en nostre Conseil, sans qu'en aucun cas ils puissent s'adresser aux Elections ni à nos Cours des Aydes, ausquelles Nous faisons tres expresses deffenses d'en connoistre, sous quelque pretexte que ce soit, à peine de nullité & de cassation.

V.

VOULONS en outre que lesdits Gardes-Estalons joüissent de l'Exemption de la Collecte des Tailles, & de l'Impost du Sel, de Tutelle, Curatelle, nomination à icelles, Guet & Garde des Villes & Costes, Et qu'ils soient exempts de Logement de gens de Guerre; Et à cet effet, deffendons tres expressement aux Receveurs generaux de nos Finances, Receveurs particuliers des Tailles, & à tous Maires, Eschevins, Syndics, Collecteurs & Habitans des Villes & Paroisses taillables, de troubler lesdits Gardes-Estalons dans la joüissance desdits Privileges & Exemptions, sous quelque pretexte que ce soit, à peine de tous dépens, dommages & interests, Et d'en repondre en leurs propres & privez noms.

VI.

ET afin de leur oster tout pretexte de troubler lesdits Gardes-Estalons dans les Privileges & Exemptions cy-dessus specifiez, Nous voulons que les Intendans & Commissaires par Nous départis dans les Provinces & Generalitez, chacun dans son département, soient tenus chacune année immediatement aprés la premiere visite des Commissaires des Haras, & sur le Procés verbal qui leur sera par eux representé, de dresser des Estats contenant les noms, surnoms & domiciles de tous les Particuliers mentionnez dans lesdits Procés verbaux, qui sont actuellement chargez desdits Estalons, tant à Nous, qu'approuvez; sur lesquels Estats qui seront par eux envoyez avec lesdits Procés verbaux à celuy de nos Secretaires d'Estat qui a l'inspection generale des Haras du Royaume, Nous ferons aussi arrester chaque année un Estat general desdits Gardes-Estalons, l'Extrait duquel pour chaque Election, signé de Nous & contresigné de nostre Secretaire d'Estat, sera ensuite Enregistré sans frais avant le temps de l'imposition des Tailles, au Greffe de ladite Election, pour y avoir recours en cas de besoin.

VII.

Et voulant prevenir les abus qui pourroient s'introduire, tant de la part des Commissaires de nos Haras, s'ils avoient la liberté de multiplier sans necessité le nombre des Estalons au-delà de celuy qui peut estre necessaire pour l'entretien desdits Haras, que de la part desdits Gardes-Estalons, lesquels sous pretexte des Privileges & Exemptions que Nous leur attribuons, pourroient pretendre contre nostre intention, que leurs Taxes d'office ne pourront estre augmentées, quand mesme ils augmenteroient en tenures, facultez ou exploitations, soit dans une ou plusieurs Paroisses d'une mesme Election; Ordonnons que les Commissaires de nos Haras ne pourront distribuer aucuns des Estalons qui Nous appartiennent, ni en approuver aucun presenté & fourni par les Particuliers, sans un ordre par écrit des Intendans ou Commissaires départis, chacun dans leur Generalité, ausquels Nous Enjoignons de n'en accorder la permission que dans les lieux & les cas où ils le jugeront necessaire par rapport au nombre des Jumens; obſervant que chaque Eſtalon n'ait que trente Jumens à ſervir; Enſorte que quand il y en aura un plus grand nombre que celuy de trente dans un meſme lieu, il puiſſe y eſtre eſtabli un ſecond Eſtalon, en augmentant toûjours à proportion du nombre des Jumens.

VIII.

VOULONS pareillement que les Cottes d'office deſdits Gardes-Eſtalons ſoient augmentées par leſdits Intendans & Commiſſaires départis, à proportion de l'augmentation de leurs biens, tenures, facultez & exploitations, ſoit dans une ſeule Paroiſſe ou dans pluſieurs d'une meſme Election; A l'effet dequoy seront leſdits Gardes-Eſtalons tenus de fournir chaque année, chacun en droit ſoy, aux Commiſſaires deſdits Haras, lors de leur premiere viſite, un Eſtat de leurs biens, tenures, facultez & exploitations, certifié par le Maire ou Syndic des Paroiſſes de leur domicile; lequel Eſtat ſera remis par ledit Commiſſaire des Haras à l'Intendant, pour ſur iceluy communiqué s'il en eſt beſoin aux habitans & Collecteurs, eſtre par luy pourveû s'il y échet à l'augmentation de la Taxe d'office deſdits Gardes-Eſtalons. SI DONNONS EN MANDEMENT à nos amez & feaux Conſeillers les Gens tenans nos Cours de Parlement & des Aydes à Paris, que ces Preſentes ils ayent à faire lire, publier & regiſtrer, Et le contenu en icelles garder & executer ſelon leur forme & teneur, nonobſtant tous Edits, Declarations, Reglemens, Arreſts & autres choſes à ce contraires, auſquelles Nous avons dérogé & dérogeons par ces Preſentes; aux Copies deſquelles collationnées par l'un de nos amez & feaux Conſeillers-Secretaires, Voulons que foy ſoit adjouſtée comme à l'Original; CAR TEL EST NOSTRE PLAISIR. En témoin dequoy Nous avons fait mettre noſtre Scel à ceſdites Preſentes. DONNÉ à Verſailles le vingt-deuxiéme jour de Septembre, l'an de grace mil ſept cens neuf, Et de noſtre Regne le ſoixante-ſeptiéme. *Signé* LOUIS. *Et plus bas,* Par le Roy, PHELYPEAUX.

REGLEMENT

REGLEMENT

Que le Roy de l'avis de Monſieur le Duc d'Orleans Regent, Veut eſtre obſervé à l'avenir, touchant le Service des Haras Eſtablis & à Eſtablir dans l'Eſtenduë de l'Intendance de Navarre, Bearn & Generalité d'Auch.

LE ROY s'eſtant fait repreſenter les differens Arreſts & Reglemens rendus concernant la Regie des Haras des Provinces de Bearn, Navarre & Pays de Soule, Et les Memoires du S.r le Gendre Commiſſaire départi pour l'Execution de ſes ordres au département de Navarre, Bearn & Generalité d'Auch, ſur l'impoſſibilité de ſouſtenir cet Eſtabliſſement avec le moindre ſuccés & utilité, ſi le Roy n'a la bonté d'y pourvoir; SA MAJESTÉ, de l'avis de Monſieur le Duc d'Orleans Regent, a reſolu le preſent Reglement pour ce qui concerne leſdites Provinces & Pays, & autres dépendans de ladite Intendance.

ARTICLE PREMIER.

SA MAJESTÉ ordonne que l'Eſtabliſſement des Eſtalons dans la Province de Bearn, ſera continué au nombre ſuffiſant par rapport à celuy des Jumens qui ſe trouveront de qualité requiſe pour eſtre ſervies par leſdits Eſtalons. Permet Sa Majeſté audit S.r le Gendre de reduire ou d'augmenter le nombre de ceux qui s'y trouvent à present, ainsi qu'il sera jugé plus convenable pour le bien de ladite Province.

II.

L'ACHAT des Chevaux de remplacement pour la presente année & les suivantes, sera fait soit en France ou en Espagne par les soins dudit S.r Intendant, conjointement avec un Commissaire de l'Abregé des Estats de Bearn, qui sera nommé à cet effet, Et le Commissaire-Inspecteur des Haras de ladite Province.

III.

SA MAJESTÉ s'estant reservée par Arrest de son Conseil du 30. Novembre 1709. touchant l'Administration desdits Haras en Bearn, en cas d'inexecution du tout ou de partie de ce qui y est porté, de pourvoir aux achats ou à l'entretien desdits Estalons par imposition de la somme de Quatre mille livres chaque année ou plus grande somme s'il y échet, en la maniere & ainsi qu'il se pratiquoit avant 1709. Elle Entend qu'à l'avenir lesdits Estats de la Province de Bearn imposent annuellement la somme de Quatre mille livres, pour estre employée; Sçavoir, Huit cens livres au payement des appointemens du Commissaire-Inspecteur desdits Haras, Et les Trois mille deux cens livres restant, au remplacement & augmentation desdits Estalons.

IV.

LA distribution desdits Estalons sera faite par ledit S.r Intendant, ledit Commissaire de l'Abregé, & l'Inspecteur des Haras, appellez dans les Chefs-lieux de chaque Parsan dont le Bearn est composé : Et lesdits Estalons seront placez chez les particuliers designez par les Maires, Lieutenans & Jurats des paroisses de chaque Chef-lieu, à la charge de les bien entretenir au foin, à l'avoine, paille & autres fourages, toute l'année, ainsi qu'il sera plus particulierement expliqué cy-aprés.

V.

LES particuliers de chacun Parsan, qui auront esté choisis pour la Garde desdits Estalons, se conformeront pour ce qui concerne le service des Jumens, à ce qui est enjoint aux Gardes-Estalons par le Reglement des Haras du 22. Fevrier 1717.

VI.

SA MAJESTÉ permet néanmoins au Commissaire-Inspecteur desdits Haras, de proportionner à l'âge, force & vigueur desdits Estalons, le nombre des Jumens qu'ils devront servir, dont il remettra des Rolles en forme ausdits Gardes-Estalons, sans qu'ils puissent sous quelque pretexte que ce soit, passer ledit nombre, sous les peines portées par ledit Reglement des Haras.

VII.

LESDITS Estalons ne pourront estre ferrez, ni employez à aucun autre usage qu'au service des Jumens, à peine par les Communautez d'en repondre, & de Cent livres d'amende pour chaque contravention de la part du Garde-Estalon.

VIII.

LES Communautez desdits Parsans demeureront dechargées à l'avenir du remplacement desdits Estalons à cause de mort ou de deperissement, sinon dans les cas qui proviendroient du fait des Gardes-Estalons par deffaut de soins & de nourriture, ou pour les avoir outré de travail.

IX.

LES Estalons qui se trouveront hors d'estat de servir,

seront vendus par les ordres dudit Sr Intendant, Et le prix qui en proviendra employé à l'achat de nouveaux Estalons.

X.

ENJOINT aux Maires, Lieutenans, Jurats, de faire representer les Jumens de leurs Communautez aux jours & lieux marquez par ledit Commissaire-Inspecteur, pour en faire la Reveüe & dresser les Rolles de celles qui devront estre servies par les Estalons Royaux, le tout conformément audit Reglement des Haras.

X I.

IL sera fait dans un mois, du jour de la publication du present Reglement, des Magasins de foin, de paille & d'avoine pour la nourriture desdits Estalons pendant une année, à raison de soixante quintaux de foin, trente-six quintaux de paille, & de cinquante quarteaux d'avoine pour chaque Estalon, à quoy toutes les Communautez qui composent les Capdeüils, & celles qui sont unies, seront tenuës de contribuer en especes par proportion aux feux de Taille qu'elles supportent, suivant la repartition qui en sera faite par les Maires & Jurats.

X I I.

ORDONNE Sa Majesté aux Communautez de porter, chacune en droit soy, leur contingent dans les Magasins qui seront establis aux lieux où lesdits Estalons seront placez, à peine contre les Maires & Jurats des lieux qui seront defaillants, de cinquante livres d'amende en leurs propres & privez noms.

X I I I.

LES Jurats des lieux où lesdits Estalons seront placez, fourniront un lieu propre pour enfermer lesdites provisions, dont l'un d'eux gardera la clef, pour distribuer chaque jour au Garde-Estalon, le foin, la paille & l'avoine, consistant en quinze livres de foin, neuf à dix livres de paille, & quatre picotins d'avoine pour chaque Estalon par jour.

XIV.

ENJOINT auſdits Jurats de veiller à ce qu'il ne ſoit fait aucune diſſipation ni divertiſſement desdites denrées, à peine d'en répondre en leur propre; Et d'envoyer audit S.r Intendant chaque mois, de meſme qu'au Commiſſaire-Inſpecteur desdits Haras, leur declaration des lieux qui auront fourni leur cottité, ou qui n'y auront point ſatisfait, à faute de quoy ils demeureront reſponſables de ce qui ſe trouvera defaillant.

XV.

LESDITS Magaſins ſeront renouvellez chaque année par les meſmes quantitez de foin, de paille & d'avoine, & de la maniere cy-deſſus preſcrite; au moyen de quoy leſdites Communautez ſeront diſpenſées de toute autre contribution pour raiſon de la nourriture deſdits Eſtalons.

XVI.

LES Communautez où leſdits Eſtalons ſeront eſtablis, demeureront ſeulement chargées, outre leur cotte-part de foin, de paille & d'avoine, du ſoin & garde deſdits Eſtalons; en conſideration de quoy ceux à qui la conduite en ſera commiſe, joüiront de tous les privileges & exemptions accordez aux Gardes-Eſtalons par la Declaration du 22. Septembre 1709. & le Reglement des Haras du 22. Fevrier 1717. à l'exception de la retribution d'un écu & un boiſſeau d'avoine pour le ſault de chaque Jument; Sa Majeſté ordonnant qu'elles ſeront ſervies gratuitement par les Eſtalons Royaux.

XVII.

Sa Majesté n'entend apporter aucune contrainte à l'égard des particuliers qui sont dans l'usage de tenir chez eux des Chevaux entiers pour le service de leurs Jumens : Elle desire au contraire qu'ils reçoivent de la part dudit Sr Intendant toute la protection & faveur que meritent des soins & une application aussi utiles au bien du Royaume.

XVIII.

Et à l'égard de ceux qui tiendront des Estalons pour le service du public, Elle ordonne qu'ils seront obligez de faire approuver leurs Chevaux, & de prendre à cet effet une Commission de Garde-Estalon dudit Sr Intendant, conformément au Reglement des Haras; moyennant quoy ils joüiront de tous les privileges susdits, & de la retribution de deux quarteaux d'avoine pour le sault de chaque Jument: Et faute par lesdits particuliers d'avoir fait approuver leurs Chevaux, ils seront condamnez aux peines portées par ledit Reglement des Haras.

XIX.

Au surplus les Reglemens des Estats de Bearn, de l'année 1688. & autres par eux faits depuis ladite année, non contraires aux presentes dispositions & au Reglement du 22. Fevrier 1717. seront executez selon leur forme & teneur.

XX.

Sa Majesté ordonne que la mesme Police cy-dessus sera observée pour ce qui concerne les Haras establis dans la Navarre & Pays de Soule, & pour ceux qu'Elle se propose de faire establir en Bigorre & Nebouzan, suivant les circonstances & dispositions des lieux.

XXI.

Et en consequence, qu'il sera fait fonds annuellement de la somme de Deux mille quatre cens livres par les Estats du Royaume de Navarre, qu'ils imposeront sur les quinze Pays qui composent ledit Royaume, en la maniere qu'ils jugeront à propos; pour estre employée, Sçavoir, Six cens livres au payement des Appointemens du Commissaire-Inspecteur desdits Haras, Et les Dix-huit cens livres restant au remplacement & augmentation d'Estalons, dont l'achat sera fait ainsi qu'il est ordonné pour le Bearn.

XXII.

L'Assemblée generale du Pays & Vicomté de Soule fera fonds de la somme de Quinze cens livres, qui sera imposée de la maniere accoustumée sur les Habitans dudit Pays, pour estre employée; Sçavoir, Quatre cens cinquante livres au payement des Appointemens du Commissaire-Inspecteur des Haras, Et Mille cinquante livres en remplacemens & augmentations d'Estalons.

XXIII.

L'Establissement des Haras sera commencé par les soins dudit S.r Intendant en Bigorre & Nebouzan, dans le mesme ordre cy-dessus : Il sera nommé des Commissaires desdits Haras par Sa Majesté, aux Appointemens qui seront reglez par deliberations des Estats desdits Pays; Et fait fonds, Sçavoir, par les Estats de Bigorre de la somme de Deux mille livres, pour servir à l'emplette & remplacement annuel des Estalons convenables audit Pays; Et six cens livres par le Pays de Nebouzan pour le mesme sujet, indépendamment des appointemens du Commissaire-Inspecteur des Haras.

XXIV.

Et à l'égard des Pays d'Election, dépendans de la Generalité d'Auch, où il se trouvera des particuliers qui voudront fournir des Chevaux à leurs dépens; Sa Majesté permet audit S.r Intendant d'y former tels establissemens qu'il jugera à propos pour le bien & l'augmentation desdits Haras, sur le pied qu'ils subsistent dans les autres Pays Taillables du Royaume, en consequence du Reglement des Haras du 22. Fevrier 1717.

Mande & Ordonne Sa Majesté audit S.r le Gendre de tenir la main à l'Execution du present Reglement, & de le faire publier dés-à-present par tout où besoin sera, à ce que personne n'en pretende cause d'ignorance. Enjoint aux Commissaires-Inspecteurs des Haras desdites Provinces & Pays, de l'executer de point en point en ce qui les regarde. Fait à Paris le quinziéme jour d'Avril mil sept cens dix-huit. *Signé* LOUIS. *Et plus bas*, Phelypeaux.

ORDONNANCE

ORDONNANCE DU ROY,

Touchant les Haras des Particuliers.

Du 26. Juin 1718.

DE PAR LE ROY.

SA MAJESTE' dans le desir de conserver à la Noblesse & autres Particuliers curieux de l'éleve de beaux Poulains, la liberté de tirer de leurs propres chevaux & Cavales, tout l'avantage qu'ils en peuvent esperer, auroit par son Reglement sur le fait des Haras du 22. Fevrier 1717. Titre V. Article premier, permis aux Proprietaires des chevaux entiers d'en faire usage pour le service de leurs propres Cavales seulement; Et restraint par l'Article XXXIV. Titre IV. dudit Reglement, la faculté qu'ont les Gardes-Estalons de faire saisir & arrester les Jumens comprises aux Rolles des Commissaires-Inspecteurs, pour estre saillies par les Estalons du Roy ou approuvez (lorsqu'elles n'y seront point venuës) aux seules Cavales saillies en contravention audit Reglement, Et excepté des saisies ordinaires, celles qui se trouveroient pleines du fait de chevaux appartenans aux Proprietaires desdites Jumens: Et estant informée que cette tolerance qui avoit pour principe l'augmentation & la perfection des Haras de son Royaume, a degeneré en un abus des plus prejudiciables à l'Establissement, en ce que la pluspart des Paysans proprietaires de Jumens, sont dans l'usage de les faire couvrir par toutes sortes de chevaux indifferemment, Et trouvent leur justification toute preste, malgré les deffenses, en declarant qu'elles sont pleines du fait d'un cheval entier à eux appartenant quelque defectueux qu'il puisse estre, ce qui rend presque inutiles les soins que l'on se donne pour détruire les mauvaises especes de chevaux en France, & attire d'un autre costé les plaintes des Gardes-Estalons qui se trouvant privez par cette mauvaise pratique de leurs retributions ordinaires pour la saillie des Jumens de leurs cantons, sont prests d'abandonner leur Employ si le Roy n'a la bonté d'y pourvoir; A quoy ayant égard : SA MAJESTÉ, de l'avis de Monsieur le Duc d'Orleans Regent, a Ordonné & ordonne que tous Particuliers proprietaires de chevaux entiers, voulant faire saillir leurs propres Jumens pour en avoir des Poulains, seront tenus de prendre une permission par écrit du Commissaire-Inspecteur des Haras, visée de l'Intendant de la Province, de faire usage desdits chevaux pour la saillie des Jumens à eux appartenant, qui seront signalées de mesme que l'Estalon; laquelle sera renouvellée toutes les fois que lesdits Particuliers voudront substituer un cheval à un autre, ou qu'ils auront fait emplette de nouvelles cavales, à peine contre les contrevenans de trois cens livres d'amende, & de confiscation des chevaux & Jumens surpris en contravention, le tout applicable moitié au profit du denonciateur, & moitié au Garde-Estalon le plus prochain du lieu où la contravention aura esté commise. MANDE & ordonne Sa Majesté aux Intendans & Commissaires départis dans ses Provinces, Et aux Commissaires-Inspecteurs des Haras, de tenir la main chacun en droit soy, à l'execution de la presente Ordonnance qui sera lûë, publiée & affichée par tout où besoin sera, à ce que personne n'en prétende cause d'ignorance. FAIT à Paris le vingt-sixiéme jour de Juin mil sept cens dix-huit. *Signé* LOUIS. *Et plus bas*, PHELYPEAUX.

REGLEMENT que le Roy, de l'avis de Monsieur le Duc d'Orleans Regent, Veut estre observé touchant le service des Haras à establir dans l'estenduë de l'Intendance de Roussillon, Conflent, Cerdagne & Pays de Foix.

Du 31. Aoust 1718.

LE ROY s'estant fait representer la Declaration du 22. Septembre 1709. & le Reglement du 22. Fevrier 1717. concernant l'Administration & le service des Haras du Royaume, Et les Memoires du S.r Dandrezel Commissaire départi pour l'execution de ses ordres au département de Roussillon, Conflent, Cerdagne & pays de Foix, sur la convenance de cet establissement dans ledit département pour l'utilité du pays & le bien du service. SA MAJESTÉ de l'avis de Monsieur le Duc d'Orleans Regent, a resolu le present Reglement pour ce qui concerne ladite Province de Roussillon, Conflent, Cerdagne & pays de Foix, dépendans de ladite Intendance.

ARTICLE PREMIER.

SA MAJESTÉ ordonne que l'establissement des Estalons dans ladite Province de Roussillon, Conflent, Cerdagne & pays de Foix, sera fait & proportionné en nombre suffisant, par rapport à celuy des Jumens qui se trouveront de qualité requise pour estre servies par lesdits Estalons. Permet Sa Majesté audit S.r Dandrezel d'establir, augmenter ou reduire le nombre desdits

Estalons, ainsi qu'il sera jugé plus convenable pour le bien du service.

II.

L'ACHAT des chevaux à establir, ou de remplacement pour l'année prochaine & les suivantes, sera fait soit en France ou en Espagne par les soins dudit S.r Intendant, conjointement avec les Viguiers de chacune des Vigueries de Roussillon, Conflent & Cerdagne, pour ceux concernant lesdites Vigueries; Et avec un Commissaire des Estats du pays de Foix, qui sera nommé à cet effet, pour ce qui concerne ledit pays, & le Commissaire-Inspecteur des Haras dudit département, & en son absence avec les sous-Inspecteurs.

III.

L'ESTABLISSEMENT des Haras dans ledit département, rapportant un bien & un profit considerable aux habitans; Sa Majesté entend qu'à l'avenir & à commencer au premier Janvier prochain, il sera annuellement imposé; Sçavoir, sur les Vigueries de Roussillon, Conflent & Cerdagne, la somme de deux mille livres; Et que les Estats dudit pays de Foix imposent annuellement celle de douze cens livres, pour estre lesdites sommes employées, Sçavoir, de celle de deux mille livres imposée sur le Roussillon, Conflent & Cerdagne, quatre cens livres au payement des appointemens dudit sous-Inspecteur des Haras dans lesdites Vigueries, & les seize cens livres restantes à l'achat, remplacement & augmentation des Estalons qu'il conviendra y establir; Et de celle de douze cens livres imposée par les Estats & sur le pays de Foix, trois cens livres au payement des appointemens du sous-Inspecteur des Haras audit pays, & les neuf cens livres restantes pareillement à l'achat, remplacement & augmentation des

Eſtalons : Sa Majeſté voulant bien faire continuer le payement des appointemens du Commiſſaire-Inſpecteur dudit département ſur la Caiſſe des Haras, comme il y a eſté payé juſqu'à preſent.

IV.

La diſtribution deſdits Eſtalons ſera faite par ledit S.r Intendant & l'Inſpecteur des Haras, & en ſon abſence par les ſous-Inſpecteurs, dans les endroits qu'ils trouveront les plus convenables, & aux particuliers qu'ils jugeront propres & entendus au fait des Haras, qui ſeront chargez de les bien entretenir au foin, à l'avoine, paille & autres fourages toute l'année, ainſi qu'il ſera plus particulierement expliqué cy-aprés.

V.

Les particuliers qui auront eſté choiſis pour la garde deſdits Eſtalons, ſe conformeront pour ce qui regarde le ſervice des Jumens, à ce qui eſt enjoint aux Gardes-Eſtalons par le Reglement des Haras du 22. Fevrier 1717.

VI.

Sa Majesté permet néanmoins aux Commiſſaire-Inſpecteur & ſous-Inſpecteurs des Haras, de proportionner à l'âge, force & vigueur deſdits Eſtalons, le nombre de Jumens qu'ils devront ſervir, dont ils remettront des Rolles en forme auſdits Gardes-Eſtalons, ſans qu'ils puiſſent, ſous quelque pretexte que ce ſoit, paſſer ledit nombre ſous les peines portées par ledit Reglement des Haras.

VII.

Lesdits Eſtalons ne pourront eſtre ferrez ni employez à aucun autre uſage qu'au ſervice des Jumens, à peine de Cent livres d'amende pour chaque contravention de la part du Garde-Eſtalon.

VIII.

Les Gardes-Estalons seront responsables de la mort ou deperissement desdits Estalons, & chargez du remplacement à leurs frais & dépens, au cas que la mort ou dépérissement arrive par leur fait, soit par défaut de soins ou nourriture, ou pour les avoir outrez de travail.

IX.

Les Estalons qui se trouveront hors d'estat de servir, seront vendus par les ordres dudit S.r Intendant, Et le prix qui en proviendra employé à l'achat de nouveaux Estalons.

X.

Enjoint aux Bayles, Syndics & Consuls de faire representer les Jumens de leurs Communautez, aux jours & lieux marquez par lesdits Commissaire-Inspecteur ou sous-Inspecteurs, pour en faire la revûë & dresser les Rolles de celles qui devront estre servies par les Estalons Royaux, le tout conformément audit Reglement des Haras.

XI.

Il sera fait dans un mois, du jour de la publication du present Reglement dans le pays de Foix, des magasins de foin, de paille & d'avoine, pour la nourriture desdits Estalons pendant une année, à raison de soixante quintaux de foin, trente-six quintaux de paille, & cent quatre-vingt-deux boisseaux d'avoine mesure de Paris, pour chaque Estalon, à quoy toutes les Communautez qui composent ledit pays de Foix seront tenuës de contribuer en espece, par proportion aux feux de Taille qu'elles supportent, suivant la repartition qui en sera faite par les Syndics & Consuls.

XII.

A l'égard du Rouffillon, Conflent & Cerdagne, le foin & la paille neceffaires pour les Eftalons qui y feront eftablis, fur le pied reglé par le precedent article, feront fournis des magafins du Roy audit Pays, & l'avoine auffi neceffaire fur le mefme pied, impofée fur toutes les Communautez, Et la repartition faite par les Bayles & Confuls qui feront tenus de la faire remettre aux Gardes-Magafins des Fourages qui feront eftablis à portée defdites Communautez, lefquels Gardes-magafins feront chargez de la diftribution des foins, paille & avoine, aux particuliers qui auront la Garde defdits Eftalons, fur le pied cy-aprés reglé pour le pays de Foix.

XIII.

ORDONNE Sa Majefté aux Communautez du pays de Foix, de porter, chacune en droit foy, leur contingent dans les magafins qui feront eftablis aux lieux où lefdits Eftalons feront placez, à peine contre les Syndics & Confuls des lieux qui feront defaillans, de cinquante livres d'amende en leurs propres & privez noms.

XIV.

LES Syndics & Confuls des lieux dudit pays de Foix où les Eftalons feront placez, fourniront un lieu propre pour enfermer lefdites provifions, dont l'un d'eux gardera la clef, pour diftribuer chaque jour au Garde-Eftalon le foin, la paille & l'avoine, confiftant en quinze livres de foin, neuf à dix livres de paille, & demy boiffeau d'avoine mefure de Paris, pour chaque Eftalon par jour.

XV.

ENJOINT aufdits Syndics & Confuls, de veiller à ce qu'il ne foit fait aucune diffipation ni divertiffement defdites desdites denrées, à peine d'en repondre en leur propre, Et d'envoyer audit S.r Intendant, chaque mois, de mesme qu'au Commissaire-Inspecteur ou sous-Inspecteurs du Haras, leur declaration des lieux qui auront fourni leur cottité, ou qui n'y auront point satisfait : à faute de quoy ils demeureront responsables de ce qui se trouvera defaillant.

XVI.

LESDITS Magasins seront renouvellez chaque année, pour les mesmes quantitez de foin, de paille & d'avoine, de la maniere cy-devant prescrite; au moyen de quoy lesdites Communautez seront dispensées de toute autre contribution pour raison de la nourriture desdits Estalons.

XVII.

VEUT Sa Majesté que ceux à qui la garde & conduite desdits Estalons sera commise, joüissent de tous les Privileges & Exemptions accordez ausdits Gardes-Estalons par la Declaration du 22. Septembre 1709. & le Reglement des Haras du 22. Fevrier 1717. à l'exception de la retribution d'un écu & d'un boisseau d'avoine pour le saut de chaque Jument, Sa Majesté ordonnant qu'elles seront servies gratuitement par les Estalons Royaux.

XVIII.

SA MAJESTÉ n'entend apporter aucune contrainte à l'égard des particuliers qui sont dans l'usage de tenir chez eux des chevaux entiers pour le service de leurs Jumens : Elle desire au contraire qu'ils reçoivent de la part dudit S.r Intendant toute la protection & faveur que meritent des soins & une application aussi utiles au bien du Royaume.

XIX.

A l'égard de ceux qui tiendront des Eſtalons pour le ſervice du public, Elle ordonne qu'ils ſeront obligez de faire approuver leurs chevaux, & de prendre à cet effet une Commiſſion de Garde-Eſtalon dudit S.r Intendant, conformément au Reglement des Haras; moyennant quoy ils joüiront de tous les Privileges ſuſdits, & de la retribution de ſept boiſſeaux d'avoine, meſure de Paris, pour le ſaut de chaque Jument: Et faute par les particuliers d'avoir fait approuver leurs chevaux, ils ſeront condamnez aux peines portées par ledit Reglement des Haras, qui ſera executé ſelon ſa forme & teneur, à l'exception des Articles où il eſt dérogé par le preſent.

MANDE & ordonne Sa Majeſté au S.r Dandrezel, de tenir la main à l'execution du preſent Reglement, & de le faire publier dés-à-preſent par tout où beſoin ſera, à ce que perſonne n'en prétende cauſe d'ignorance. Enjoint aux Commiſſaire-Inſpecteur & ſous-Inſpecteurs des Haras dudit Département, de l'executer de point en point pour ce qui les regarde. FAIT à Paris le trente-uniéme jour d'Aouſt mil ſept cens dix-huit. *Signé* LOUIS. *Et plus bas,* PHELYPEAUX.

ORDONNANCE DU ROY,

Touchant les Particuliers qui ont passé des Traitez avec Messieurs les Intendans pour entretenir des Haras.

Du 20. Avril 1719.

DE PAR LE ROY.

SA MAJESTÉ estant informée que les Particuliers qui se sont engagez à entretenir des Haras pour leur compte, par des Traitez passez avec les S.rs Intendans & Commissaires départis dans les Provinces, ont si peu d'attention à accomplir les clauses & conditions desdits Traitez, ou les remplissent avec tant de negligence, qu'ils font assez connoistre n'avoir eû en cela d'autre vûë que de joüir des Privileges qui leur sont accordez, sans songer à l'utilité dont ces sortes d'Establissemens peuvent estre au bien general du Royaume; à quoy estant necessaire de pourvoir. SA MAJESTÉ, de l'avis de Monsieur le Duc d'Orleans Regent, a Ordonné & ordonne.

ARTICLE PREMIER.

QUE les Proprietaires desdits Haras seront tenus

d'entretenir un Eſtalon approuvé, avec le nombre de Jumens porté par leurs Traitez, leſquelles Jumens ſeront marquées, & ne pourront eſtre ferrées; Et en cas qu'il s'en trouve qui ſoient ferrées, ou qui paroiſſent ſervir à d'autres uſages qu'à celuy des Haras, deffenſes aux Inſpecteurs de les comprendre dans leurs Procés verbaux.

II.

LESDITES Jumens ſeront raſſemblées, autant que faire ſe pourra, dans le principal lieu du Domaine où l'Eſtalon ſera eſtabli, ou dans les Domaines voiſins, & à portée d'eſtre ſervies par ledit Eſtalon.

III.

LA mort arrivant de quelques-unes des Jumens deſdits Haras, les proprietaires ſeront tenus d'en faire dreſſer des Procés verbaux, qui ſeront ſignez par les Conſuls en charge, & deux ou trois des principaux habitans, s'ils ſçavent ſigner, ſinon ledit Procés verbal ſera fait & paſſé pardevant le Notaire le plus prochain des lieux.

IV.

LES Jumens qu'il ſera neceſſaire de changer, ne le pourront eſtre qu'avec la permiſſion par écrit de l'Inſpecteur, laquelle ſera viſée de l'Intendant; Et ſeront tenus les proprietaires des Haras, de les remplacer dans le temps qui leur ſera marqué par leſdits Inſpecteurs.

V.

DEFFENSES aux proprietaires des Haras, de repreſenter aux Inſpecteurs d'autres Jumens que celles ſervant actuellement à leurs Haras, lors des viſites qui en ſeront faites; Et à tous particuliers de leur en preſter, à peine de confiſcation deſdites Jumens, & de cent livres d'amende contre ceux qui les auront preſtées, & de deux cens livres contre le proprietaire des Haras, outre la privation de ſes privileges.

VI.

SERONT tenus les proprietaires des Haras, d'executer le contenu en la preſente, à peine de privation des privileges à eux accordez par les Traitez qu'ils auront paſſez.

VII.

LES Declarations & Reglemens concernant les Haras, ſeront au ſurplus executez en ce qui n'eſt contraire à la preſente. MANDE & ordonne Sa Majeſté aux Intendans & Commiſſaires départis dans ſes Provinces, & aux Commiſſaires-Inſpecteurs des Haras, de tenir la main, chacun en droit ſoy, à l'execution de la preſente Ordonnance qui ſera lûë, publiée & affichée par tout où beſoin ſera, à ce que perſonne n'en prétende cauſe d'ignorance. FAIT à Paris le vingtiéme jour d'Avril mil ſept cens dix-neuf. *Signé* LOUIS. *Et plus bas*, PHELYPEAUX.

MEMOIRE

Du Conſeil du Dedans du Royaume, pour ſervir d'Inſtruction à M.rs les Intendans & Commiſſaires départis dans les Provinces du Royaume, touchant le reſtabliſſement des Haras.

L'EPUISEMENT de chevaux dans lequel les dernieres guerres ont mis la France, Et la neceſſité d'y faire renaiſtre l'abondance, tant pour l'utilité du commerce interieur, que pour le ſervice des Troupes du Roy en Paix & en Guerre, demanderoient peu de diſcours pour prouver de quelle importance il eſt pour le bien de l'Eſtat de s'appliquer au reſtabliſſement des Haras, ſi l'exemple du paſſé & le prejudice extrême que le Royaume a ſouffert de l'abandon où ils ont eſté par le deffaut de ſecours neceſſaires, n'exigeoient de traiter la matiere en detail, & d'expliquer les Regles que l'on doit ſuivre dans une affaire de cette conſequence, la poſſibilité dans l'execution, & les avantages qui en reſulteront.

M.rs les Intendans conviendront ſans peine que rien n'eſt plus neceſſaire au Royaume, que l'éleve de chevaux de toutes eſpeces pour ſes beſoins; Et que dans les Eſtats les mieux gouvernez, on les y compte au nombre des premieres richeſſes.

Que le manque de chevaux a fait connoiſtre ces veritez d'une maniere bien ſenſible dans ces derniers temps, où l'on s'eſt vû reduit à traiter l'argent à la main avec des Juifs pour tous les beſoins de la Cavalerie, des

Dragons, de l'Artillerie, des Vivres, & mesme de la maison du Roy; d'où il s'est ensuivi la necessité de recevoir de toutes mains, & de prendre au hasard des chevaux tres mediocres, pour ne pouvoir trouver mieux, Et de voir sortir du Royaume des sommes immenses qui non-seulement y seroient demeurées si le Royaume s'estoit trouvé peuplé de chevaux, mais qui par une circulation necessaire se seroient repanduës en une infinité de mains, & auroient maintenu les peuples dans l'abondance & dans le pouvoir d'acquitter les charges de l'Estat.

Les Gens de guerre du premier ordre, & une infinité de marchands de chevaux & autres, consultez sur ce sujet, ont estimé cette évacuation à plus de Cent Millions pendant les deux dernieres Guerres pour les remontes seulement. Ce seul objet est d'une assez grande consideration pour devoir attirer l'attention de M.rs les Intendans, sans parler des chevaux de carrosse que l'on tire d'Hollande & des pays bas pour l'usage des particuliers.

Le Royaume ne recevra pas une moindre utilité de la fourniture des chevaux de Maistre, si l'on s'applique à en multiplier & perfectionner l'espece : on sçait que les Princes, les Seigneurs & beaucoup de particuliers ont peine à en trouver de la beauté dont ils les desirent, ou de convenables à l'exercice de la chasse, Et qu'ils sont obligez d'en envoyer chercher à l'estranger, ce qui enleve encore des sommes considerables du Royaume, plus propre neanmoins qu'aucun autre à se fournir par luy-mesme des plus beaux chevaux, soit en coureurs, chevaux de chasse & de manege, chevaux de guerre, d'artillerie & des vivres. On ne peut se flatter à la verité d'élever des chevaux de carrosse de la taille de ceux d'Hollande, de Frife & d'Allemagne, mais on les aura affez forts, fi on le veut, & affez beaux pour le fervice des particuliers, qui peu à peu & par la facilité de les avoir à meilleur compte, perdront infenfiblement le gouft des chevaux eftrangers, quoyque plus élevez que ceux de France.

Si le fuccés des Haras depend particulierement de la nature du nourry, & du fond du terrein, de la taille, qualité & tournure des Jumens; tout cela fe trouve en France, chaque province a fes proprietez, Et fi elles different d'un canton à l'autre dans la mefme province, il ne s'agit que de connoiftre l'efpece d'Eftalons qui convient à chaque canton, & de profiter de tous les avantages qui peuvent concourir au fuccés de cet eftabliffement.

Des chevaux Anglois, Turcs, Barbes ou Arabes de la grande taille, Efpagnols de veritable race de Caftille & d'Andaloufie, de Dannemarck, de Pruffe & les plus beaux Rouffins de Frife, fourniront des Souches admirables avec des Cavales choifies : l'on peut alleguer que dans un Eftat auffi peuplé & auffi eftendu que l'eft le Royaume de France, on a befoin de toutes fortes de chevaux & de toutes efpeces & pour tous les differens ufages; mais avec toutes les reftrictions, affujettiffemens & précautions ordonnez par le nouveau Reglement, pour parvenir à n'avoir que de beaux chevaux, il en êchappera encore affez de ceux qu'on peut appeller manquez, & qui font par confequent à l'ufage des gens de la campagne, pour fournir à leurs befoins; on ne peut mefme empefcher que ceux qui auront des Jumens qui n'auront point efté comprifes dans les Rolles des Commiffaires pour eftre couvertes par les Eftalons du Roy ou approuvez, n'en faffent l'ufage qu'ils

jugeront

jugeront à propos, Et qu'ils ne les faſſent ſervir par les chevaux entiers à eux appartenants : Et comme tous les cantons d'une Province ne ſont point également aſſujettis aux Haras par le deffaut d'Eſtalons ou autrement, il reſtera toûjours une aſſez grande eſtenduë de pays dans le Royaume, pour en tirer des chevaux mediocres au-delà des beſoins.

Il eſt certain que l'eſpece de beaux chevaux devenant plus commune, le prix en deviendra moindre de jour en jour, que les terres en ſeront mieux cultivées, les voitures à meilleur compte, les Officiers fort ſoulagez, les charges de l'Eſtat mieux acquittées, & les eſpeces d'or & d'argent dans leur mouvement naturel, avec certitude qu'elles ne paſſeront plus à l'Eſtranger pour nos propres beſoins dans ce genre.

La rareté des bons chevaux en France ne vient donc point du deffaut du Pays, ou de bonne nourriture, ou pour n'avoir pas reçû de la nature les moyens neceſſaires; le mal vient du peu d'attention que l'on y a donné: ainſi en quelque foible reputation que les Haras ſoient en France, on les y peut voir fleurir au point meſme de la plus grande perfection, dés que M.[rs] les Intendans y travailleront avec le zele, le gouſt & l'application qu'ils ont pour tout ce qui regarde le bien public & le ſervice du Roy.

Aprés ces premieres idées de l'importance du reſtabliſſement des Haras & de la poſſibilité de leur réüſſite, le Conſeil a jugé neceſſaire d'expliquer quelles ſont les intentions du Roy pour les mettre en eſtat de remplir tout ce que Sa Majeſté attend en cela de leur miniſtere.

ARTICLE PREMIER.

COMME l'achapt & la nourriture des Eſtalons, avec

la dépense de l'entretien d'un valet, deviendroient extremement à charge & onereux à ceux qui en sont chargez, s'ils n'en estoient pas en quelque façon dedommagez par des graces particulieres, le Roy a bien voulu leur accorder plusieurs Privileges par divers Arrests du Conseil & Declaration, outre la retribution de Trois livres & un boisseau d'Avoine pour la saillie de chaque Jument; lesquels Privileges sont tous rapportez au Titre IV. du nouveau Reglement des Haras en datte du 22. Fevrier 1717. avec les additions qu'il a plû à Sa Majesté d'y inserer pour marquer d'autant plus son attention envers les Gardes-Estalons, & le desir qu'Elle a de procurer par tous moyens l'avancement & la perfection de cet establissement.

II.

Le bon ou le mauvais succés des Haras dépendra toûjours de l'execution de ces Privileges & de la protection que les Gardes-Estalons trouveront auprés de M.rs les Intendans pour leur en assûrer la joüissance, Et il est important pour cet effet de les entendre. Plusieurs Gardes-Estalons se sont plaints en differens temps de ce que les Tailles estant diminuées, leur Taxe d'office ne l'estoit point à proportion; qu'ils demeuroient à leur premier taux, quoyque sujets à estre augmentez au sol la livre des augmentations ordonnées dans l'Imposition des Tailles, Et qu'il estoit également juste de les soulager au premier cas; toûjours à proportion de leurs tenures, facultez ou exploitations; sur quoy le Conseil recommande à M.rs les Intendans d'écouter favorablement les remontrances qu'ils recevront de leur part sur ce sujet, & de leur rendre toute la justice qu'ils croiront leur estre dûë.

III.

Les Collecteurs, Syndics & Habitans des paroisses se portent aisément par un esprit d'envie à troubler & inquieter les Gardes-Estalons dans leurs Privileges, n'ayant plus le pouvoir ni de les imposer ni de les nommer Collecteurs à leur tour, comme ils en avoient la liberté avant l'ordre qui vient d'estre establi à cet égard; ils ne veulent point voir dans leur paroisse un homme distingué par des avantages qu'ils regardent comme une charge pour eux, quoyqu'on leur demontre clairement le benefice qu'apporte aux particuliers l'establissement d'un Estalon dans une paroisse, & que la taxe d'office d'un Garde-Estalon est le plus souvent aussi forte que l'Imposition où il estoit les années precedentes. Cette jalousie les porte enfin à toutes sortes de mauvaises procedures qu'ils entreprennent contre luy pour le degouter de son employ, & l'obliger à se defaire de son cheval, ce qui influë sur toute une Election, & empesche les autres Habitans de se presenter pour Gardes-Estalons, dans la crainte de se voir exposez à de semblables vexations.

IV.

Cependant il ne sera pas moins necessaire de veiller à ce que lesdits Gardes-Estalons ne puissent abuser des avantages qui leur sont accordez, le Roy y a pourvû par ses Declaration & Reglement des 22. Septembre 1709. & 22. Fevrier 1717. autant qu'il a esté possible, Et le Conseil est bien persuadé que M.rs les Intendans sçauront prevenir avec sagesse les autres inconvenients que l'on n'a pû prevoir, soit dans l'abus trop frequent desdits Privileges, soit que lesdits Gardes-Estalons se trouvassent allarmez des sujettions qui leur sont imposées par lesdites Declaration & Reglement, en leur faiſant entendre qu'il n'eſt point queſtion d'innovations, ni de rien de contraire à la pleine joüiſſance de leurs Privileges, dans laquelle le Roy entend qu'ils ſoient toûjours maintenus, mais ſeulement d'empeſcher qu'ils ne puiſſent abuſer des graces que Sa Majeſté veut bien leur accorder à titre de Gardes-Eſtalons.

V.

C'EST dans ce meſme eſprit, & pour arreſter la liberté de multiplier ſans neceſſité le nombre des Eſtalons au-delà de celuy qui peut eſtre neceſſaire pour l'entretien des Haras, que Sa Majeſté a ordonné qu'il n'en ſeroit approuvé aucun ſans un ordre par écrit de M.rs les Intendans, & ſeulement dans les lieux & les cas où ils le jugeront neceſſaire par rapport au nombre de Jumens, obſervant que chaque Eſtalon n'ait que trente à trente-cinq Jumens à ſervir, & que lorſqu'il s'y en trouvera un plus grand nombre, il puiſſe y eſtre eſtabli un ſecond Eſtalon, & en augmentant à proportion du nombre des Jumens. Il eſt bien important que M.rs les Intendans connoiſſent parfaitement la neceſſité de ces ſortes d'eſtabliſſements avant d'y donner la main, & même dans les paroiſſes où il y auroit neceſſité d'eſtablir deux Eſtalons par rapport à la quantité de Jumens à ſervir, d'obliger un ſeul particulier à ſe pourvoir de deux chevaux pour diminuer d'autant le nombre des Privilegiez, & oſter tout pretexte de murmure aux Habitans qui ſe ſont plaints fort ſouvent que pluſieurs particuliers ne faiſoient approuver des Eſtalons que pour s'exempter des charges publiques, ſans aucun fruit ni utilité pour le ſervice des Haras; ainſi M.rs les Intendans ne ſçauroient trop s'attacher à connoiſtre avec la derniere preciſion ce qui ſe paſſe à cet égard dans toute l'étenduë de leurs Départemens. Ils ne souffriront point non plus qu'il soit fait aucune deliberation de la part des Habitans des Villes, Bourgs & Villages pour le choix des Gardes-Estalons, tant du Roy qu'approuvez, cette nomination leur estant absolument reservée & aux Commissaires.

VI.

QUOYQUE Sa Majesté ne prétende apporter aucune contrainte sur le sujet de cet establissement, le Conseil observera cependant à M.rs les Intendans qu'il se mesle souvent un esprit de cabale parmi tous les habitans d'une mesme paroisse, qui ne voulant point connoistre des regles parce qu'elles leur sont nouvelles, renoncent plutost à leurs propres avantages que de consentir au moindre assujetissement; Dans ce cas il est très à propos que M.rs les Intendans employent les moyens qu'ils jugeront les plus efficaces pour engager les plus riches Fermiers à se faire Gardes-Estalons: Et quoyque le benefice des Privileges & les autres avantages dont ils joüissent, soient une recompense suffisante de leurs soins, Et pour les accidens qui peuvent arriver à l'Estalon, cependant Sa Majesté veut bien pour des cas imprevûs & sur l'avis de M.rs les Intendans, accorder quelques gratifications à ceux qui souffriroient quelque dommage extraordinaire, Et y pourvoir sur le provenu des Amendes & autres Recettes extraordinaires.

VII.

UNE des principales raisons qui empesche qu'on ne trouve de jeunes chevaux en nombre dans les Provinces, vient de ce que les Receveurs des Tailles ne manquent jamais de faire augmenter à la Taille ceux qui s'adonnent à l'éleve de leurs Poulains, comme estant une preuve qu'ils ſont à leur aiſe, & par conſequent en eſtat de ſouſtenir ces charges; il a parû que rien n'eſtoit plus contraire aux intentions du Roy, Sa Majeſté ayant toûjours deſiré au contraire favoriſer ceux qui s'appliquent à élever de jeunes chevaux : C'eſt dans ce même eſprit qu'Elle a jugé à propos par Arreſt du 28. Octobre 1683. d'exempter les Cavales des particuliers de toute ſaiſie pour raiſon de recouvrement des Deniers Royaux & dettes de Communautez, dont Elle a bien voulu renouveller la diſpoſition par le Reglement du 22. Fevrier 1717. & comprendre les Poulains & Pouliches qui proviendront des Cavales annexées aux Eſtalons, dans le même Reglement; M.rs les Intendans doivent y tenir la main & empeſcher les Receveurs des Tailles de troubler leſdits proprietaires dans ledit Privilege, ni de ſe ſervir de ces mauvais pretextes contre ceux qui éleveront des Poulains, qu'il faut encourager de plus en plus à continuer ce commerce.

VIII.

Le Roy n'a rien obmis de toutes les precautions à prendre pour obvier à tous les abus dont on pourroit ſe plaindre à l'égard des Privileges deſdits Gardes-Eſtalons, & ne pas trop les favoriſer à la ſurcharge des autres contribuables, enſorte que M.rs les Intendans ne puſſent eſtre ſurpris dans les Taxes d'office; Sa Majeſté a pourvû à tous ces inconveniens par les precautions portées par ladite Declaration du 28. Septembre 1709. Art. VI. Les Commiſſaires des Haras en conſequence, & pour mettre M.rs les Intendans en eſtat de faire leſdites Taxes d'office en connoiſſance de cauſe, demandent à celuy qui ſe preſente pour eſtre Garde-Eſtalon un Eſtat juſte & ſincere de ſes biens, tenures & facultez, certifié du Maire ou du Syndic de la paroisse ; Ils luy demandent de plus trois Extraits du Greffe de l'Election, des trois dernieres années où il a esté imposé au Rolle de la Taille de la paroisse, & ils attestent ces Extraits au bas de l'Estat certifié qu'ils presentent à M.rs les Intendans. Cependant on a reconnu quelque sorte de difficulté dans l'execution de la Declaration, en soumettant un particulier à la discussion de ses biens devant le Syndic d'une paroisse, dans la vûë de joüir des Privileges que le Syndic & les Habitans ont en aversion ; ainsi plusieurs de M.rs les Intendans pour se conformer autant qu'il est possible à l'esprit de la Declaration, & éviter les contradictions ordinaires dans ce fait, s'en sont tenus à examiner les Taux des trois dernieres années des particuliers, qui ayant fait approuver leurs chevaux, ont demandé à estre fixez à la Taille, & à se faire instruire au juste par les Receveurs des Tailles & les Subdeleguez, de concert avec les Commissaires des Haras, des biens que ces particuliers font valoir, soit en propre, soit par Fermes, Et avec ces connoissances ainsi prises, à regler lesdits Taux pour l'avenir, faisant presque toûjours une année commune des trois dernieres, ensorte que le Garde-Estalon n'obtient qu'une diminution mediocre, à moins que ce ne soit dans le cas d'une oppression évidente & prouvée ; moyennant quoy M.rs les Intendans ont prevenu une infinité de contestations de la part des Communautez avec les Gardes-Estalons : Et si les facultez ou les Fermes des Gardes-Estalons se trouvent augmentées, ils le font d'office l'année suivante à proportion ; si elles sont diminuées on les baisse de même, & cela paroist d'autant plus juste que la certification desdits Subdeleguez, celle des Commissaires des Haras, ou celle des

Curez, dans les occasions où les Syndics ne cherchent qu'à disputer mal à propos, peuvent bien suppléer à celle desdits Maires & Syndics.

IX.

M.[rs] les Intendans auront grande attention au choix de gens propres à tenir des Estalons & à les bien entretenir, comme Fermiers, Laboureurs, Curez & autres personnes accommodées, pourveû neantmoins que cela se fasse de gré à gré, & sans y contraindre les particuliers ou Communautez ; le principe general sur lequel on doit travailler estant de laisser une pleine liberté aux peuples sur ce sujet, & de les obliger seulement à garder les formalitez prescrites par les Reglemens pour maintenir le bon ordre, empescher les abus & parvenir insensiblement à la perfection de l'establissement. Ils ne se donneront aucun mouvement pour engager les Gentilshommes à prendre des Estalons du Roy, par la peine où sont les Commissaires de les assujettir aux Reglemens des Haras, outre le mauvais usage qu'ils font d'ordinaire des chevaux de cette espece, qu'ils employent le plus souvent à leur service particulier, negligeant pour la pluspart de laisser saillir les Jumens des environs : d'ailleurs il est certain que les chevaux sont mieux tenus chez des Laboureurs ou des Fermiers, qui en sont recompensez par la joüissance des Privileges. Il avoit esté ordonné une exclusion entiere sur le fait desdits Estalons à l'égard des Aubergistes & Cabaretiers, cependant on a connu par les suites que les Estalons ne se trouvoient ni mieux nourris ni mieux tenus que chez ces sortes de gens, ainsi le Conseil n'estime pas qu'il soit juste de les exclurre de l'employ de Garde-Estalon, du moins il s'en remet sur cela au jugement de M.[rs] les Intendans. Ils observeront encore

que

que l'on se plaignit il y a peu d'années que les Commissaires des Haras recevoient & approuvoient des Estalons par tout où bon leur sembloit, sans considerer s'il y avoit suffisamment de Jumens à servir, de quoy la pluspart même desdits Commissaires sont convenus, sur ce qu'on leur avoit toûjours ordonné de multiplier les Estalons autant qu'ils le pourroient, & que n'estant pas les maistres de faire acheter un cheval dans les paroisses les mieux fournies de Jumens, ils en approuvoient dans les paroisses où il s'en trouvoit le moins, parce que l'on prend des Jumens pour leur service dans les paroisses de leur voisinage: Il est important de recommander aux Commissaires de ne se point laisser surprendre par les raisons de ceux qui se presentent pour Gardes-Estalons dans des paroisses dénuées de Jumens, sur la seule esperance qu'il s'en trouvera suffisamment aux environs, & sans les avoir vûës & comprises dans les Rolles qui s'arrestent en pareil cas.

X.

Le but principal estant d'establir de bonnes especes de chevaux en France, il ne faut point souffrir, sous quelque pretexte que ce puisse estre, d'Estalons trop vieux tarez ou vitiez de maux qui passent naturellement aux Poulains qu'ils engendrent, comme sont la Pousse, la Morve, la Courbe, le Ticq, Jarets gras, maux des yeux, Vessigons, le Flanc échauffé & autres semblables; les Estalons ne pouvant estre trop sains ni trop parfaits, car pour les deffauts accidentels ils sont sans consequence. Il n'est donc rien de plus essentiel que de travailler sans perte de temps à détruire tous les mauvais Estalons, ensorte qu'il n'en reste aucun de l'espece cy-dessus dans les Departemens, quand même ils ne devroient pas estre remplacez aussi-tost qu'il seroit à desirer. On travaillera ensuite à changer les chevaux mediocres ; & l'on n'en souffrira plus aucun que de la plus belle tournure & sans deffaut, puisque l'establissement n'a d'autre objet que la perfection de l'espece, & de ne plus donner par consequent que de beaux chevaux au Royaume ; outre qu'il est injuste que les Gardes-Estalons qui n'ont que de mauvais chevaux, joüissent des Privileges accordez à cet employ : Il conviendra toûjours mieux au bien du service du Roy, & à l'interest du public de n'avoir que peu d'Estalons approuvez & d'une beauté parfaite, qu'une grande quantité d'une qualité mediocre.

XI.

ILS donneront une attention particuliere aux Estalons fournis par le Roy ou achetez des fonds des Provinces, de quelle maniere ils sont tenus, s'ils sont en bonne main, & ce qu'ils deviennent, estant souvent arrivé que lesdits Gardes-Estalons en ont disposé comme de leur propre bien par vente ou échange sur de faux Procés verbaux de defectuosité ; Et pour remedier à ces sortes d'abus, ils doivent estre informez qu'il est deffendu expressement ausdits Gardes-Estalons de se deffaire desdits chevaux, sous quelque pretexte que ce puisse estre, sans une permission par écrit donnée en connoissance de cause par lesdits S.rs Intendans, en consequence de laquelle & sur le Procés verbal qui aura esté dressé par le Commissaire, ledit cheval sera vendu, & le prix qui en proviendra remis entre les mains du Commissaire qui en donnera son reçû, & en envoyera une ampliation au Conseil, qui en chargera le Tresorier des Haras en Recette extraordinaire. Ledit Procés verbal sera signé du Juge ou Curé du lieu ; mais lorsqu'un Garde-Estalon qui aura payé la plusvaluë dudit cheval, en aura esté chargé pendant un long-temps, & que les accidens qui le feront reformer ne proviendront point de son fait, alors le prix dudit cheval demeurera à son profit, bien entendu qu'il donnera sa soumission de reprendre un autre Estalon aux mêmes conditions de celuy dont il avoit esté chargé.

XII.

COMME les Gardes-Estalons ne seront à l'avenir censez tels & reconnus, qu'en vertu des Commissions qui leur en seront expediées par M.rs les Intendans sur les certificats des Commissaires des Haras, ils ne pourront aussi se deffaire de leurs chevaux sans une permission par écrit desdits S.rs Intendans, qui ne les accorderont qu'en connoissance de cause, & dans les cas mentionnez dans le nouveau Reglement de Sa Majesté; puisqu'outre l'inconvenient de permettre legerement ausdits Gardes-Estalons de se deffaire de leurs chevaux, il est à remarquer que plusieurs en ayant eu pour moitié moins de ce qu'ils ont cousté, ils pourroient même y gagner en les vendant; ainsi M.rs les Intendans doivent se faire informer avant de leur accorder ces sortes de permissions, de quelle maniere lesdits Gardes-Estalons ont eu les chevaux dont ils veulent se deffaire, Et dans tous les cas qu'ils pourront alleguer, faire ensorte de tirer d'eux des soumissions de les remplacer pour la Monte suivante. Il avoit esté proposé par quelques Commissaires, aprés leurs visites faites, de faire couper tous les vieux Estalons & autres hors d'estat de servir, mais il a parû que ce seroit s'exposer infailliblement à perdre ces chevaux, qui d'ailleurs n'en seroient pas mieux vendus au profit du Roy ou des particuliers, ainsi il paroist plus juste de se contenter de les reformer.

XIII.

LORSQUE les particuliers demanderont à faire approuver des chevaux, M.rs les Intendans auront attention de se faire donner un Memoire du nombre des Jumens de la paroisse & des environs, qu'ils comptent de faire servir par leurs Estalons, leur taille, poil, âge & qualitez, l'estat des pasturages, prairies, pacages de ladite paroisse & des environs, afin de pouvoir connoistre si un Estalon sera bien & utilement placé dans le lieu proposé ; dans ce cas ils pourront approuver lesdits chevaux, Et sur le rapport des Commissaires ou sur leurs certificats delivrer leurs Commissions : Et comme il seroit trop difficile d'assujettir les particuliers qui se trouvent éloignez du séjour ordinaire de M.rs les Intendans, à venir prendre eux-mêmes leurs Commissions, lesdits S.rs Intendans prendront la peine ou de les remettre aux Commissaires, ou de les adresser à leurs Subdeleguez, avec ordre de les faire donner ausdits Gardes-Estalons, avec diligence & sans frais ni retribution aucune. Il y a quelques Departemens du Royaume dans lesquels M.rs les Intendans exigent de ceux à qui ils delivrent des Estalons à moitié prix, d'avoir au moins six Cavales à eux appartenantes & propres à porter de beaux Poulains, comme un des meilleurs moyens de multiplier les Haras ; mais ce qui convient dans un Pays n'estant point une regle pour le general du Royaume, le Conseil ne fait cette observation à M.rs les Intendans, que pour ne rien negliger des vûës qu'il peut leur donner de tirer avantage de tout ce qui dépendra de leurs excitations. Il ne leur sera parlé ici de la proposition qui avoit esté faite d'oster les Estalons de chez les particuliers, & de les rassembler tous en un même lieu, que pour les prevenir contre une semblable idée impoſſible dans l'execution, puiſqu'outre la dépenſe immenſe d'un pareil eſtabliſſement, on riſqueroit de plus de rendre les trois quarts des Cavales inutiles aux Haras, car les Eſtalons ſe trouvant éloignez de la demeure des particuliers qui auroient des Jumens à faire ſaillir, ne ſe détermineroient pas aiſément à faire la dépenſe de les y mener, d'autant plus qu'il eſt d'une experience reconnuë que les Jumens menées de loin à l'Eſtalon ne retiennent preſque point; Et l'on ne peut mieux faire que de s'attacher à multiplier les Eſtalons dans les lieux propres aux Haras, pour en faciliter la proximité à ceux qui ont des Jumens, outre que les particuliers fourniſſent volontairement à l'emplette des chevaux neceſſaires pour le ſervice deſdits Haras.

XIV.

UNE des choſes à laquelle M.rs les Intendans doivent donner une attention des plus ſerieuſes, lors de l'expedition des Commiſſions qui leur ſont demandées par les nouveaux Gardes-Eſtalons, eſt de s'informer des motifs qui les y engagent; ils ne ſe preſentent ſouvent que lorſqu'ils ſont preſſez par quelque charge dont le Privilege de l'Eſtalon les exempte, Et ils ne manquent jamais à ſe deffaire de leur cheval auſſi-toſt que la raiſon qui les avoit obligez de le prendre eſt ceſſée: M.rs les Intendans jugeront aiſément qu'il eſt tres important d'empeſcher cet abus, & de punir les Gardes-Eſtalons qui oſent ſe ſervir de pareilles ſurpriſes; Et comme il eſt ſouvent arrivé qu'ils ont fait approuver des chevaux defectueux, ou d'en ſubſtituer de ſemblables à ceux qu'ils avoient preſentez aux Commiſſaires, M.rs les Intendans doivent auſſi-toſt qu'ils auront connoiſſance de pareils faits, revoquer leſdits chevaux & punir les Gardes-Eſtalons qui auront ainſi abuſé de leurs privileges.

XV.

Le choix des chevaux convenables à la nature du Pays, eſt une choſe ſi eſſentielle au progrés & au ſoûtien des Haras, que l'on peut citer pour exemple que les Barbes ſi propres au Limouſin, auroient perdu les Haras de Bourgogne; Et les chevaux Danois & de Pruſſe ſi renommez & qui réüſſiſſent ſi parfaitement en Normandie & en pluſieurs autres Provinces, auroient également produit le même mauvais effet en Bearn, ſi aprés les experiences qui en ont eſté faites avant 1700. on ne ſe fût retenu ſur de pareils choix; Et il conviendra toûjours, au deffaut de chevaux eſtrangers de l'eſpece convenable à chaque Pays, de ſe contenter de prendre des Eſtalons du Pays même. Il eſt donc tres neceſſaire de donner aux Jumens les Eſtalons proportionnez à leur taille & à leurs qualitez; Et quoyque cette attention roule particulierement ſur les ſoins des Inſpecteurs, M.rs les Intendans ne doivent pas moins entrer dans la connoiſſance de cet aſſortiment lors de leur tournée, pour juger par eux-mêmes du bon ordre qui s'obſerve generalement dans leurs Departemens, le ſuccés des Haras dépendant de l'attention qu'ils y donneront, & du choix des Eſtalons convenables aux Jumens.

XVI.

Il eſt deffendu aux Commiſſaires d'approuver aucuns chevaux pour Eſtalons, s'ils n'ont au moins cinq ans faits; M.rs les Intendans ne peuvent ſe rendre trop ſeveres ſur l'execution de cet article. Il arrive neantmoins lors des revûës deſdits Commiſſaires, que l'on leur preſente des chevaux de remplacement de trois ans, qu'ils ne peuvent ſe diſpenſer de recevoir, par l'impoſſibilité où ſont les Gardes-Eſtalons d'en trouver de l'âge preſcrit, les beaux Poulains ſe débitant aux Foires depuis 18. juſqu'à 30. & 36. mois, ce qui rend fort rares dans les Provinces ceux de l'âge dont on les demande pour les Haras, mais leſdits Commiſſaires ne les doivent approuver qu'à condition par les Gardes-Eſtalons de ne les faire ſervir qu'à l'âge de cinq ans; leſdits Gardes-Eſtalons ont eux-mêmes un intereſt ſenſible à s'aſſujettir à cette obligation, puiſqu'un Poulain que l'on fait ſervir trop toſt s'énerve & tombe dés la premiere année, Et qu'on les oblige toûjours à en faire le remplacement, ce qui les expoſeroit à de grandes dépenſes ; ainſi le Conſeil ne trouve aucun inconvenient à tolerer cet uſage dans les Provinces où il n'eſt pas poſſible d'en uſer autrement : Il ſuffit ſeulement que M.rs les Intendans ſe faſſent informer par les Commiſſaires, des contraventions qui pourroient arriver à cet égard de la part des Gardes-Eſtalons, Et s'ils ne font point ſervir leſdits chevaux avant l'âge ordonné.

XVII.

On a ſouvent repreſenté que le changement d'Eſtalons d'une paroiſſe à l'autre eſtoit contraire à l'eſtabliſſement des Haras, parce que nulle eſpece d'animaux ne conſerve plus long-temps dans ſa race ſes bonnes & mauvaiſes qualitez, Et qu'il faut pluſieurs generations pour purifier celle-cy de tous deffauts qu'elle apporte en naiſſant, enſorte qu'un Haras n'entre dans ſa perfection qu'aprés cinquante ans de ſoins & d'application ſans relaſche; Qu'il ne reſte aucun fruit ſolide d'un Eſtalon qui paroiſt & diſparoiſt d'une année à l'autre dans une paroiſſe, puiſque le public ayant auſſi peu à compter ſur un eſtabliſſement auſſi incertain, loin de deſtiner ſes Jumens à porter des Poulains, il s'en deffait ne pouvant nullement tabler ſur le benefice du produit de ſes Cavales; au lieu que dans les paroiſſes où l'on voit des

Estalons permanens, ce commerce s'y establit insensiblement, & les races des chevaux s'y soûtiennent & se perfectionnent tous les jours; Qu'il convient par ces exemples de s'attacher à des paroisses choisies & les plus convenables à l'establissement, sans souffrir jamais qu'elles demeurent dépourvûës d'Estalons, sur tout lorsqu'il y en a une fois eû, puisque par tous ces changemens frequens on ne peut s'empescher de conclurre que les peuples en general ne se détermineront point à l'éleve des chevaux. L'execution de ce que dessus paroist d'autant plus facile, que s'arrestant à ne mettre des Estalons que dans les lieux les plus propres aux Haras, il sera aisé de les y rendre fixes, Et par là tout le changement qui pourroit arriver, & qui ne sçauroit estre que d'une paroisse à une autre du même voisinage, ne peut estre aussi fascheux que l'on veut bien se le representer, mais il est necessaire qu'en pareilles occasions M.rs les Intendans fassent connoistre aux anciens Gardes-Estalons, qui sont riches & aisez, que s'ils ne vouloient pas continuer leur premier employ, on les obligeroit à indemniser leurs paroisses de ce qu'elles auroient souffert par la joüissance precedente des Privileges, ne paroissant point de meilleur moyen de les retenir; d'autant que si on les menageoit trop en cela, ils en abuseroient, Et qu'il est juste que celuy qui contrevient à ses engagemens, en paye la peine par une taxe d'office un peu forte.

XVIII.

Si l'on doit donner toute l'attention dont on a parlé cy-devant, au choix des Estalons ; Et si les Poulains non-seulement tiennent des chevaux, mais encore des Jumens, il n'est pas moins necessaire de s'appliquer à celuy des Cavales qui seront destinées aux Haras, car de de laiſſer couvrir par des Eſtalons choiſis, toutes ſortes de Cavales bonnes & mauvaiſes indifferemment, ce feroit travailler en vain à l'augmentation & à la perfection deſdits Haras ; Et l'on peut dire qu'un des plus grands empeſchemens au progrés de l'eſtabliſſement, a eſté la negligence dans le choix deſdites Cavales, & le trop de liberté aux Gardes-Eſtalons de recevoir toutes celles qui leur eſtoient preſentées, ce qui a perpetué à l'infini la mauvaiſe eſpece de chevaux au lieu de la rectifier ; les ordres donnez aux Commiſſaires ſur ce ſujet n'ayant eſté executez que fort imparfaitement, ils ſe ſont contentez de voir les Jumens les plus à portée des Eſtalons, & d'en donner indifferemment un Rolle à chaque Garde, ſans entrer dans la connoiſſance de tout ce qu'il y a de Cavales de preference dans leurs Departemens : Il y a cependant des paroiſſes pourvûës d'Eſtalons qui n'en meriteroient point par rapport à la taille & à la quantité de leurs Jumens, Et d'autres où l'eſtabliſſement d'un Eſtalon a eſté negligé par le deffaut de ces connoiſſances ; ainſi M.[rs] les Intendans doivent ſe faire rendre un compte exact par les Commiſſaires de l'execution de leurs inſtructions ſur ce point, & leur en faciliter les moyens, en obligeant les Maires, Syndics ou Collecteurs des lieux, de leur fournir tous les ans un Rolle fidelle de la quantité des Jumens de leurs Communautez, dans la forme preſcrite par le Reglement des Haras, & la formule qui ſe trouve en fin dudit Reglement. M.[rs] les Intendans remettront aux Commiſſaires tous les Rolles qu'ils auront reçûs deſdits Maires & Syndics, pour en eſtre par eux dreſſé un eſtat general qu'ils repreſenteront auſdits Srs Intendans, qui ſeront viſez d'eux & envoyez enſuite au Conſeil. Ils tiendront pareillement la main à ce que lesdits Commissaires verifient par eux-mesmes, au moins tous les trois ans, tous les Rolles des Communautez, paroisse par paroisse, pour former leur recensement general, & donner par là au Conseil toutes les connoissances qu'il exige desdits Commissaires. Et comme ce travail demande un soin auquel ils n'avoient point encore esté assujettis, & qui pourra les constituer en quelques frais extraordinaires, le Roy voudra bien y entrer, selon le merite & l'exactitude des Estats qu'on leur demande. On a balancé plus d'une fois sur l'ordre à donner aux Commissaires touchant le choix des Jumens à annexer à l'Estalon, & representé que cette contrainte ne serviroit qu'à gesner le peuple inutilement, puisque l'Establissement n'avoit esté fait que pour son bien & son avantage; que d'ailleurs il importoit peu au fonds par quel Estalon une Jument fût servie, pourvû qu'elle le fût par un Estalon approuvé; Et que, quelque attention que pût donner à l'ordre des classes le Commissaire le plus exact, il ne pourroit empescher le Garde-Estalon de passer le nombre de trente ou trente-cinq Jumens fixé par le Reglement, Et d'outrer son cheval s'il en vouloit courir les risques; d'autant que ces Rolles composez de trente à trente-cinq Jumens, sont aussi composez d'autant de Paysans proprietaires desdites Jumens, qui n'ayant pas les trois livres lorsque la Jument demande l'Estalon, il n'y auroit ni classe ni amende capables de les assujettir à la regle, ni qui pût les empescher d'aller chercher un mediocre cheval dans le voisinage ou au loin, ce qui reduit le Garde-Estalon à s'en dédommager par tout ce que l'on luy presente de Jumens bonnes ou mauvaises: mais les consequences de l'abus que cette liberté indefinie entraîne aprés soy, l'ont emporté, en ce qu'il a paru tres juste d'assurer la subsistance d'un Estalon qui pourroit estre oisif pendant que l'Estalon voisin seroit surchargé, si cette liberté subsistoit absolument : on a seulement recommandé aux Commissaires d'agir sur cela avec beaucoup de prudence, & mesme de ne se pas rendre trop difficiles dans les cantons où les Jumens ne sont pas en grand nombre, pourvû qu'elles n'eussent point de difformité ni de deffauts essentiels, qu'elles fussent de la grande taille, avec le flanc d'une capacité convenable ; puisqu'il arrive tres souvent que des Cavales de cette espece, quoyque d'une beauté mediocre, produisent de tres beaux Poulains lorsqu'elles ont esté servies par de bons Estalons, sur quoy il sera aisé aux Commissaires de faire comprendre aux Gardes-Estalons & aux proprietaires des Jumens que l'on ne cherche en cela que leur propre avantage, pour assurer aux uns la subsistance de leurs Estalons, & aux autres des productions utiles. Les Commissaires s'abstiennent encore de rappeller la Classe des Jumens dans les paroisses où un cheval succede à un autre, Et le mesme Rolle subsiste si les mesmes Jumens existent pareillement. L'on connoistra encore plus positivement la nécessité de l'ordre des Classes des Jumens dans les Provinces où il se trouve des Bouriquets dont on fait usage plus que des Estalons.

XIX.

Il reste encore, independamment du choix des Cavales, à parler de l'usage dans lequel on est dans la plus grande partie des Provinces du Royaume, de les outrer de travail, Et à faire connoistre à M.rs les Intendans le prejudice que les Haras en general en ressentent ; afin qu'ils puissent y apporter une meilleure regle, soit par des Ordonnances particulieres que le Roy leur permet de rendre, soit en usant simplement des voyes de representations pour engager les peuples à mieux connoistre leurs veritables interests. Il est certain que presque toutes les Provinces ont besoin d'un nombre de Jumens de la grande Taille, pour pouvoir en tirer par la suite des chevaux de service, Et que la Taille n'en peut hausser que par le soin que l'on prendra de bien nourrir & menager les Cavales Poulinieres propres à en donner de l'Espece necessaire: Cependant les Particuliers les gardent fort peu, dans la seule vûë du benefice des Poulains qu'elles rapportent ; ils veulent de plus gagner leur nourriture journaliere, & pour y parvenir ils les mettent à toutes sortes de services : Ces Jumens ainsi gouvernées avortent pour l'ordinaire, ou du moins les Poulains qui en proviennent ont si peu profité dans leurs corps, qu'ils naissent d'une foiblesse extrême; Et l'on remarque que les Gentilshommes curieux de Haras, les Curez qui font leur monture & leur plaisir de leurs Cavales, les Receveurs des grosses Terres, les Fermiers & Laboureurs aisez qui en ont un soin tout particulier, ont des Poulains d'une beauté parfaite, pendant que les gens peu au fait de ce commerce ne joüissent que tres rarement du mesme avantage. S'il est difficile de convertir ceux-cy sur l'exemple des autres, il faut du moins convenir que le Roulage, le Carrosse & la Chaise doivent estre absolument interdits à des Jumens pleines. Le labour mesme paroist incompatible avec la nourriture d'un Poulain à la queuë de la mere qui en a un autre dans le ventre ; puisque l'on voit ces sortes de Jumens sortir du collier toutes alterées courir à l'eau, & noyer leur Poulain dans leur corps ; ou celui qui reste devenir, comme on l'a dit, sans force & sans vigueur, d'autant qu'il s'affoiblit encore en suivant sa mere sur le Gueret. On adjoûte que ces Jumens ainsi gouvernées revenant à l'Ecurie, les particuliers peu attentifs aux soins qu'elles demanderoient, laissent les Poulains tetter leurs meres, qui estant échauffées leur causent la gale & leur gâtent le sang: Cependant comme beaucoup de personnes dans l'usage d'élever des Poulains ont pensé differemment à l'égard du labour, qu'elles le regardent mesme comme un travail doux & reglé, non sujet aux accidents du roulage & du timon, sur tout dans les terres legeres où l'on remarque que ce travail leur fortifie les jambes lorsqu'il n'est point outré; On ne peut guere compter de l'empescher, du moins dans la plus grande partie des Provinces du Royaume, ni mesme que les proprietaires ne les employent à mener les Bleds, Foins, Avoines & autres recoltes dans les Metayries, & à transporter les fumiers sur les terres; mais on peut faire connoistre ausdits Proprietaires, qu'ils doivent charger moderement leurs Charrettes & Chariots, Et ne mettre jamais lesdites Jumens qu'à la volée. Il y a d'autres Provinces plus favorables à l'Establissement des Haras, & où les particuliers ne se servent de leurs Jumens qu'à la selle & au bas; d'autres où elles n'ont jamais esté domptées, & ne servent uniquement qu'à porter des Poulains; d'autres où les Labourages & toutes sortes de Charrois ne se font qu'avec des Bœufs ou des Mulets, les terres y estant trop fortes, & les chemins trop mauvais pour pouvoir se servir de Chevaux: C'est particulierement dans ces Pays-cy que les Haras réüssissent le mieux; les Jumens sont toute l'année dans les Pacages, & n'entrent à l'Ecurie que lorsque les neiges couvrent la terre: Et l'on remarque mesme que les Cavales accoustumées à l'avoine, y réüssissent moins bien que celles qui n'ont jamais vécu que d'herbes; Et dans certains cantons desdites Provinces où tous les paysans font leurs ouvrages avec des bœufs, ils se chargent de Jumens à bail ou à cheptel pour avoir des poulains, les herbes y estant bonnes, grasses & en grande quantité, & sans autre debit que la consommation qui s'en peut faire sur le lieu. Dans d'autres Provinces l'usage est de mettre les Jumens au labour & au tirage à la teste des bœufs, dont l'inconvenient est d'autant plus ridicule, que les paysans mesmes conviennent que ces Jumens ne leur servent qu'à guider ces bœufs : Et comme l'expérience a fait voir, lorsque l'on a essayé de reformer ces mauvaises habitudes dans quelques cantons desdites Provinces, que ces mesmes Jumens qui ne produisoient que de tres mauvais chevaux, lorsqu'elles estoient ainsi gouvernées & outrées de travail, ont produit de tres beaux chevaux, dés qu'elles ont joüi d'une pleine pâture & du repos qui leur convient; le Conseil exhorte M.[rs] les Intendants à entrer profondement dans la connoissance de ces faits, & de ne point hésiter de condamner ce qu'ils reconnoistront de mauvais & de préjudiciable dans tous ces differents usages, tant pour l'interest des particuliers, que pour le bien general des Haras; Et sur tout de deffendre aux proprietaires de faire servir leurs Jumens à la charruë, trois mois avant de mettre bas, pour les terres fortes; Et pour les terres legeres deux mois ou six semaines au moins : lesquelles deffenses n'osteront point la liberté aux particuliers de voiturer leurs foins & autres recoltes, puisqu'elles ne se font gueres qu'aux mois de Juin, Juillet & Aoust, au frais le matin ou le soir, Et ne durent que deux heures le matin & autant le soir; à la difference du transport des fumiers, cet ouvrage durant toute la journée : il est vray que cela arrive dans le mois de Septembre, & que dans ce temps-là les poulains sont forts & sevrez. Il est encore à remarquer que les Jumens que l'on ne fait emplir qu'une fois tous les deux ans, donnent des poulains infiniment plus vigoureux que celles qui portent tous les ans. Une Jument porte onze mois; l'usage est de la faire saillir neuf jours aprés qu'elle a pouliné; de sorte qu'elle a toûjours un poulain dans le ventre & un autre qui la tire, ce qui l'épuise. M.[rs] les Intendans examineront quel ordre l'on pourroit establir pour le plus grand avantage des proprietaires des Jumens; car à l'égard de celles qui seront distribuées par le Roy, ils ont des raisons suffisantes pour faire telles deffenses qu'ils estimeront à propos; Et il leur suffira pour celles-cy de tenir la main à l'execution du Reglement des Haras.

XX.

On a reconnu que les poulains veulent saillir dés l'âge d'un an, Et que les plus mauvais petits chevaux entiers de tout âge, quoy qu'entravez du devant au derriere, s'attachent de façon aux Jumens qu'ils les rechauffent & les font vuider, sur tout dans le premier mois de leur saut. L'on a aussi l'expérience que les Jumens qui paissent avec eux, en deviennent amoureuses, Et qu'elles en retiennent plus aisément que des Estalons qu'on leur presente: Ce desordre des petits chevaux a esté d'un préjudice infini au progrés des Haras. Les jeunes poulains se sont énervez, & souvent estropiez dans les pacages; Les mauvais petits chevaux ont produit leurs semblables; Et l'on conviendra aisément que ce meslange ne peut gueres estre souffert que parmi des chevaux de charbonniers: Et comme il y a long-temps que ce mal dure, il a aussi esté rendu une infinité d'Ordonnances par M.[rs] les Intendans pour remedier à ces abus, ſous des peines tres ſeveres : On a quelquesfois fait ſaiſir de ces petits chevaux en contravention, avec aſſignation devant M.rs les Intendans, aux proprietaires pour ſe voir condamner aux peines portées par les Ordonnances : On a meſme fait couper un bon nombre de ces mauvais chevaux, pris pareillement en contravention; mais le remede n'ayant operé que ſur ces ſeuls particuliers, il n'a point corrigé les autres. Ainſi il eſt queſtion de ſe rendre tres ſeveres ſur l'execution du Reglement des Haras à cet égard, Et de prendre une ferme réſolution de détruire cette mauvaiſe engeance, dans les pays où les Haras ſont eſtablis ; Et que les Poulains ne puiſſent ſervir avant le temps & l'âge convenables. Pluſieurs exemples contre les proprietaires rendront les autres plus attentifs à ſe conformer en cela aux intentions de Sa Majeſté.

XXI.

Il faut obſerver que les plus belles races ſe réduiſent, par les generations ſuivantes, à la taille ordinaire du pays, reglée pour ainſi dire, par le climat & par la nature des herbages ; ce qui exigeroit un renouvellement à l'infini de chevaux & de Jumens pour perpetuer les belles eſpeces : Mais dans l'impoſſibilité d'y pouvoir fournir generalement, M.rs les Intendans ſe contenteront de ſe faire montrer dans leurs tournées les plus belles Pouliches provenantes deſdits Haras, Et d'engager ceux qui en ſont proprietaires à les conſerver, pour en faire des ſouches & ſubſtituer les jeunes aux vieilles. L'on s'apperçoit déja dans pluſieurs Provinces du bon effet de ſemblables exhortations de la part des Commiſſaires, Et que les proprietaires qui voyent leur avantage dans ce commerce, & que plus leurs Jumens ont de taille, plus ils en tirent de profit, ſe ſont aiſément

aiſément déterminez à élever les plus belles Pouliches; ce qui hauſſe les races aſſez promptement, Et a ſi bien réüſſi en Touraine & en Anjou, que les Jumens y paſſent en taille & en tournure celles des autres pays, & ſe diſtinguent du premier coup d'œil dans les paſturages. M.rs les Intendans ſe feront encore inſtruire de la quantité de Poulains & Pouliches qui ſe trouvent dans les Foires, autant qu'ils le pourront, Et de ce que deviennent ceux qui s'y vendent ; s'il ne s'y preſente point d'Eſtrangers par rapport aux Remontes de leur Cavalerie, Dragons ou ſervice de leur Artillerie, Caiſſons ou Bagages, & ſe ſouviendront d'envoyer tous les ans au Conſeil un Extrait de toutes les ventes qui ſe font auſdites Foires, dont ils pourront ſe faire informer par leurs Subdeleguez, non dans la préciſion qu'ils pourroient croire que l'on le leur demande, mais d'une maniere à donner une idée generale de ce commerce, Et faire connoiſtre ſur quoy l'on pourroit compter dans une conjoncture de Guerre. Le Conſeil ne demande point qu'il ſoit apporté en cela la moindre geſne ; jugeant au contraire qu'il doit régner dans leſdites Foires une entiere liberté, par rapport aux ventes de toutes ſortes de chevaux & de Jumens, eſtant peu important que l'on enleve des Poulains de l'âge de 18. mois & plus jeunes, pourvû que ce ſoit pour paſſer dans les autres Provinces du Royaume; Enſorte que s'il y avoit quelques meſures à prendre ſur ce ſujet, ce ſeroit uniquement pour empeſcher la ſortie hors du Royaume de toutes ſortes de chevaux, de Poulains & de Jumens, qui font l'abondance des Haras, & influent ſur tous les differens commerces des peuples.

XXII.

PAR l'Arreſt du 28. Octobre 1683. il eſt ordonné

que les Estalons seront marquez d'une *L* couronnée à la cuisse ; Et par les anciennes Instructions aux Commissaires, que les Cavales annexées ausdits Estalons par les Rolles qui en seront faits par lesdits Commissaires, le seront également : on a laissé tomber l'execution dudit Arrest, par l'inconvenient éprouvé que les Gardes-Estalons fuyoient cette marque qui les empeschoit de vendre leurs chevaux dés qu'ils n'estoient plus propres à la monte, soit par les accidens trop communs à ces animaux, soit qu'ils eussent l'envie de s'en deffaire pour en substituer de plus beaux en leur place; outre que de trente Mareschaux de Villages il ne s'en trouvoit quelquesfois pas deux qui pussent appliquer cette marque sans danger pour le cheval. La vûë en cela estoit de contenir lesdits Gardes-Estalons, & de les empescher de substituer un cheval à un autre; mais comme leurs chevaux sont signalez & connus, que lesdits Commissaires les voyent deux fois l'année, cette précaution qui establit une espece de tare sur un cheval que l'on veut vendre, a paru entierement inutile au bien de l'establissement. Et à l'égard des Jumens, l'ordre des classes qui est déja une contrainte pour ceux qui en sont proprietaires, tous gens ennemis de l'ordre & de la discipline, qui regardant cette sujettion comme une hypotheque sur eux d'un écu pour le droit de la monte, ou pensant serieusement qu'au moyen de cette marque ils ne seroient plus les maistres de leurs Jumens; a fait arrester l'execution de cet ordre, d'autant qu'il arrive tres souvent aprés que les proprietaires desdites Jumens leur ont fait porter un ou deux Poulains, à l'âge de trois à quatre ans, qu'ils s'en deffont soit qu'elles ne portent pas d'assez beaux Poulains, soit pour soûtenir le trafic qu'ils ont accoustumé d'en faire ; Et que d'autres aimoient mieux n'en point avoir du tout, que d'en garder à cette condition, ajoûtant qu'outre la necessité de leurs affaires, qui exige souvent de se deffaire desdites Jumens, cette marque nuisoit beaucoup à la vente, les acheteurs ne les considérant plus que comme Jumens poulinieres ou tarées, ou qui ne retiennent point, comme cela arrive tres souvent. Il suffira donc de tenir exactement la main à tout ce qui est prescrit sur l'approbation des chevaux, & sur l'ordre des classes ou des Rolles des Jumens, si ce n'est à l'égard de celles que le Roy pourroit faire distribuer gratuitement ou à moitié prix de ce qu'elles auroient cousté, auquel cas il est bon de les marquer, si M.[rs] les Intendans le jugent à propos; Et si elles ne retenoient pas, on pourroit les vendre & en employer le prix en de nouveaux achats, pour en faire le remplacement chez les mesmes particuliers qui auroient déja payé la plusvaluë desdites Jumens venduës, le tout dans l'ordre prescrit pour le Reglement des Haras.

XXIII.

PAR l'Art. VI. de la Declaration du 22. Septembre 1709. il est Ordonné à M.[rs] les Intendans, d'envoyer chaque année au Conseil, immédiatement aprés la premiere revûë des Commissaires des Haras, un Estat contenant les noms, surnoms & domiciles de tous les particuliers chargez d'Estalons appartenans au Roy ou approuvez. Comme l'execution de cet article a esté souvent negligée, Et que M.[rs] les Intendans se sont reposé à cet égard sur l'envoy des Procés verbaux desdits Commissaires; il est necessaire de leur expliquer que ce qui leur est demandé en cela se réduit à une simple liste correcte & exacte desdits noms & surnoms, Election par Election, surquoy il doit estre arresté un Estat general au Conseil, dont les Extraits signez du Roy sont envoyez sur les lieux & adressez à M.rs les Intendans, pour estre enregistrez sans frais avant le temps de l'Imposition des Tailles, aux Greffes desdites Elections, & y avoir recours en cas de besoin, dans la vûë d'oster tout pretexte de trouble de la part des Syndics, Collecteurs & autres, dans la joüissance des Privileges desdits Gardes-Estalons, Mrs. les Intendans se souviendront, s'il leur plaist, de s'y conformer pour ce qui regarde les Pays Taillables: la mesme formalité a paru inutile dans les Pays d'Estats & autres Provinces où la Taille est réelle; dans la Bourgogne on distingue la Bresse & le Bugey du reste de la Province, & les Tailles sont réelles dans ces Pays; l'Imposition s'y fait tous les ans, Et on a soin de donner aux Gardes-Estalons des Billets de Taille, separez, aux termes de la Declaration de 1709. Dans la Bourgogne les Tailles sont personnelles, & l'Imposition s'en fait par M.rs les Elûs de la Province; Et pour leur éviter la peine d'examiner tous les ans les facultez des Gardes-Estalons, Et encore de changer à tous momens lesdits Billets, à mesure que ces Gardes-Estalons viennent à changer: On est convenu qu'ils donneroient une Ordonnance, portant deffenses aux Collecteurs des paroisses Taillables, d'augmenter la Cotte precedente desdits Gardes-Estalons, sous quelque pretexte que ce soit: Et si les paroisses trouvent les Gardes trop favorablement traitez, ou si les Gardes se croyent trop fortement taxez, ils ont la voye de remontrance, & obtiennent justice sur la premiere Requeste qu'ils presentent à M.r l'Intendant. La Taille est réelle en Franche-Comté, en consideration de quoy il est payé par les Communautez, sur la simple Ordonnance de M.r l'Intendant, Cinquante livres.

annuellement pour chaque Garde-Estalon, pour luy tenir lieu du Privilege de la Cotte d'office ; Et la même chose en Dauphiné, à la difference seulement que l'Imposition pour subvenir à la dépense de ces gratifications, a esté ordonnée par Arrest du Conseil du 20. Juin 1715. Et M.rs des Estats de Languedoc ont déja suivi les inspirations du Conseil, en deliberant dans leurs dernieres Assemblées, à l'exemple de ce qui se pratique dans les deux Provinces cy-dessus, pour une semblable gratification en faveur des Gardes-Estalons. Il seroit à desirer qu'en Bretagne, où la Taille est pareillement réelle, & par tout où les Gardes-Estalons sont privez du benefice de la Cotte d'office, on en usast de même ; ils y joüissent neantmoins du surplus des Privileges qui leur sont accordez par la Declaration du 22. Septembre 1709. ainsi qu'ils doivent joüir des autres avantages portez par le nouveau Reglement des Haras, Et lorsqu'ils sont inquietez par les Maires & Consuls, ils se pourvoyent pardevant M.rs les Intendans pour y estre maintenus, en quoy ils les doivent soustenir & proteger de tout leur pouvoir. La même chose dans les Gouvernemens d'Ardres & de Calais, où les Impositions se levent differemment des Pays d'Election, Et où il est inutile de faire enregistrer dans les Greffes des Bailliages ou Justices Royales, les Rolles desdits Gardes-Estalons, cette formalité n'ayant rapport qu'à la Cotte d'office desdits Gardes. A l'égard des Provinces de Bearn, Navarre & Pays de Soule, il n'y est point question de Privileges ; les Communautez ou Chefs des lieux, y sont chargez de l'entretien, nourriture & remplacement des Estalons qui y sont establis, cette forme d'administration ayant paru la plus convenable à ces Pays ; Et il suffit de tenir la main à l'execution des

Arreſts du Conſeil rendus en conſequence : Et au cas qu'il y eût des Particuliers dans le goût de faire approuver des chevaux dans leſdits Pays, ils joüiroient ſans difficulté de tous les Privileges accordez aux Gardes-Eſtalons.

XXIV.

INDEPENDAMMENT des fonds que le Roy juge à propos de deſtiner chaque année à l'entretien des Haras, Gages, Appointemens des Officiers & autres frais de Regie; les Pays d'Eſtats contribuënt également au même deſſein, ſuivant les ordres de Sa Majeſté, dont il eſt toûjours mention dans ſes inſtructions à ſes Commiſſaires lors de la tenuë deſdits Eſtats, qui ne manquent point de ſe conformer en cela, comme en toutes autres choſes, à ce qu'il leur eſt expliqué eſtre de ſes intentions. Tous leſdits fonds generalement doivent eſtre remis à la Caiſſe des Haras, Et le Conſeil prend ſoin d'expedier les Arreſts ou ordres particuliers, ſelon les cas differens, pour la décharge des Treſoriers ou Receveurs qui payent leſdites ſommes entre les mains du Treſorier des Haras, qui s'en charge en recette dans le Compte qu'il rend au Conſeil; lequel ordonne pareillement de toutes les dépenſes qui doivent eſtre faites à l'occaſion des achats, voitures, appointemens, gratifications, & autres generalement quelconques: L'intention du Roy eſt que leſdites ſommes accordées par leſdits Eſtats, de même que celles qui pourroient eſtre impoſées ſur les Provinces Taillables, ſoient employées ſans aucun divertiſſement en achats d'Eſtalons ou de Jumens, ſi le beſoin le requiert, ſuivant leur deſtination qui ne pourra eſtre changée, ſous quelque pretexte que ce puiſſe eſtre; Et que leſdits chevaux & Jumens ſoient diſtribuez par les soins de M.rs les Intendans aux Particuliers qu'ils jugeront les plus propres à l'employ de Garde-Estalon, aux conditions qu'ils estimeront justes & raisonnables : Sa Majesté leur laissant même la liberté d'en distribuer quelques-uns gratuitement, soit par la difficulté de pouvoir faire mieux, soit par les considerations que méritent les pertes que font quelque-fois les Gardes par la mort inopinée de leurs Estalons, ou par des accidens qui ne participent point de leur fait. Il sera aisé à M.rs les Intendans de faire ces distinctions, & il est important de ne s'y point laisser surprendre, le principe d'une pareille distribution estant de tirer une plusvaluë de tous lesdits chevaux, proportionnée aux facultez des Gardes; dont le produit qui en revient à la Caisse n'a d'autre destination que celle de fournir à de nouvelles emplettes de Chevaux, en nombre & en qualitez. Cette plusvaluë se regle d'ordinaire dans les Pays d'Estats au gré desdits Estats, surquoy il est à propos de leur representer ce qui convient le mieux aux interests des Provinces. Les Commissaires seront chargez de ces sortes de recouvremens, dont ils dresseront des Estats qu'ils envoyeront au Conseil aprés les avoir fait viser par M.rs les Intendans, sur lesquels il sera expedié des ordres de recouvremens au Tresorier des Haras, pour en faire recette dans ses Comptes. Tous lesdits fonds & les Recettes extraordinaires provenant des plusvaluës, ventes de vieux Estalons & amendes, seront uniquement appliquez au bien & augmentation desdits Haras; Et le premier Commis du Conseil, chargé du Bureau desdits Haras, tiendra un Registre à cet effet, par Generalitez ou Départemens, dans lequel il observera les Recettes ordinaires & extraordinaires, applicables à chacun desdits Départemens; Et les dépenses qui seront ordonnées en consequence;

afin que l'on puisse connoistre en tout temps, & par un compte ouvert, ce qui restera dû ou ce qui aura esté fourni de trop ausdites Provinces. Plusieurs Commissaires s'estant trouvé obligez de retirer des mains des Gardes-Estalons, des chevaux en fort mauvais estat, pour les restablir, & de demander par consequent le remboursement de la dépense faite à leur occasion; M.rs les Intendans observeront que c'est aux Gardes-Estalons à supporter ces dépenses, Et qu'ils doivent les y condamner, s'il est necessaire, & même en une amende ; en quoy il est bon de faire quelque exemple pour obliger lesdits Gardes-Estalons à avoir le soin qu'ils doivent des chevaux qui leur sont confiez.

XXV.

Il est trés essentiel que les chevaux qui seront envoyez dans les départemens, y arrivent au moins un mois avant la monte, pour avoir le temps non-seulement de les distribuer, mais encore celuy de les restablir de la fatigue du voyage, les engrainer & les rendre en estat de mieux servir : Ainsi M.rs les Intendans auront l'attention d'envoyer au Conseil dans les premiers jours de Decembre de chacune année, des Estats de la quantité & espece de chevaux dont ils auront besoin, par proportion aux fonds de leurs Provinces, ou suivant le nombre des soumissions que les Commissaires auront retirées des particuliers qui voudront payer les chevaux qu'ils auront demandez ; auquel cas ils specifieront les sommes portées par lesdites soumissions. Les Commissaires se doivent faire un arrangement si juste à cet égard, que lesdits chevaux puissent estre distribuez dés le jour même, ou le lendemain de leur arrivée, pour éviter les frais de sejour & de nourriture dans les hostelleries, qui tomberoient en en pure perte ſur la Caiſſe des Haras : Et comme ces ſortes de dépenſes extraordinaires peuvent dépendre encore du plus ou du moins de diligence de la part des Gardes-Eſtalons, pour venir recevoir leſdits chevaux ; dans ce cas il eſt juſte de les mettre ſur le pied de les acquitter, chacun pour ce qui le concernera : M.rs les Intendans y donneront, s'il leur plaiſt, l'attention que cela merite.

XXVI.

Il eſt d'une experience certaine, que la principale & meilleure culture conſiſte dans les engrais ; Et les avantages que l'on retire de la multiplicité des Beſtiaux ſont trop connus, pour qu'il ſe trouve une ſeule perſonne qui doute de cette verité. Et comme il n'eſt pas poſſible que dans les pays qui y ſont les plus propres, les particuliers ne s'adonnent à nourrir quelques Jumens, & même à élever des Poulains ; M.rs les Intendans redoubleront d'attention pour ſe faire rendre compte du nombre des Prairies, Herbages, Marais & Paſturages inondez, Et des moyens de parvenir à leur deſſechement. Ils propoſeront les Arreſts neceſſaires pour ordonner & autoriſer les ouvrages convenables, & procurer cet avantage aux Peuples & au Royaume en general. M.r Guynet Intendant de la Generalité de Caën, a ſuivi de ſemblables vûës avec beaucoup de ſuccés, eſtant parvenu au deſſechement de plus de cent mille arpens de marais, dont moitié aux particuliers, & la plus grande partie ſous les eaux depuis plus de cent ans, & le ſurplus inondé par les pluyes & orages ; ce qui a porté une infinité de particuliers à reprendre non ſeulement l'engrais ordinaire des Beſtiaux, mais encore le nourry d'un grand nombre de Poulains d'un rapport conſiderable à la Province. Une autre conſideration, non moins importante, regarde quelques uſurpations de pacages & communes ; le Conſeil eſt informé que dans aucunes des Provinces du Royaume, les Payſans & d'autres particuliers ſe ſont aviſez en differens temps , & ſur tout pendant le cours des dernieres Guerres, de fermer les Communes qui ſe ſont trouvées à leur bienſéance, de s'en approprier l'uſage, & d'en priver le public, ce qui oſte le moyen aux autres, même à ceux qui ont quelque bien , de nourrir des Jumens, ne le pouvant faire ſur leurs propres fonds deſtinez à d'autres uſages : Ainſi il eſt neceſſaire de reſtablir les choſes dans leur premier eſtat, ſans ſouffrir jamais de pareilles uſurpations qui ſont totalement contre le droit public. Le Roy deſire que M.rs les Intendans ſe faſſent informer des abus qui ont pû ſe commettre à cet égard, dont ils envoyeront les memoires au Conſeil du dedans du Royaume, avec leur avis ; Et Sa Majeſté donnera enſuite les ordres qu'Elle eſtimera à propos.

XXVII.

Le Conſeil recommande à M.rs les Intendans , de tenir la main à ce que les Commiſſaires faſſent exactement chaque année deux viſites de leurs départemens; Et que dans la premiere qui ſe doit faire dans le mois de Mars au pluſtard, & toûjours avant le temps de la monte, ils ne puiſſent , ſous quelque pretexte que ce ſoit , aſſigner aucun lieu aux Gardes & proprietaires des Eſtalons, pour viſiter leurs chevaux ; mais qu'ils faſſent une viſite exacte & effective de chaque Eſtalon , ſoit du Roy ou des particuliers , dans l'écurie où il eſt êtablé , pancé & nourry , Et de l'uſage qu'en fait le Garde ou proprietaire hors le temps de la monte ; Sa Majeſté ſe remettant à eux néanmoins d'avancer ou retarder de quelques jours celuy de ladite visite, par rapport aux circonstances des temps; puisque le Conseil est informé que les débordemens & les neiges en certaines Provinces, pourroient ne pas permettre ausdits Commissaires d'executer leurs instructions aussi promptement qu'il leur est prescrit : Il est pareillement informé qu'il seroit bien difficile, dans aucuns départemens, à un Commissaire, d'en faire luy seul la visite de la maniere qui luy est ordonnée, Et de parcourir le grand nombre de Villes, Bourgs, Villages, Chasteaux & Metayries, dans lesquels lesdits Estalons se trouvent repandus, sur tout dans les Pays de Montagnes peu praticables dans l'hyver : C'est pourquoy Sa Majesté a déja consenti qu'il fût establi dans les départemens qui ont le plus d'estenduë, un ou plusieurs sous-Inspecteurs ou visiteurs, pour suppléer à ce travail : M.rs les Intendans ne doivent pas estre moins attentifs à se faire informer de l'application & des mouvemens desdits Sous-Inspecteurs & visiteurs, a bien remplir leurs devoirs chacun dans leur district; Le Conseil veut bien encore, dans les cas où un pareil establissement deviendroit également necessaire, pour les mêmes raisons susdites, y avoir égard sur les remontrances qui luy en seront faites par M.rs les Intendans, afin d'obvier une bonne fois à la liberté que quelques Commissaires se donnent d'assigner des rendez-vous dans les villes qu'ils indiquent aux Gardes-Estalons des environs : D'où il arrive que lesdits Commissaires ne sçavent jamais si les Estalons sont bien ou mal tenus dans les Escuries, & si les Gardes font leur devoir ; d'ailleurs ces Gardes sont obligez de quitter leurs occupations ordinaires, à quoy ils ne sont point tenus, sans parler de l'inconvenient de faire venir de trop loin des

Estalons qui risquent les échauffures & courbatures ordinaires à des chevaux qui ne sortent presque point de l'Escurie : La distance mesme de trois ou quatre lieuës n'est pas moins dangereuse qu'une plus grande Traite, puisque c'est dans la premiere lieuë qu'ils peuvent estre attaquez de maladie ou s'estropier, par la difficulté de la conduite de chevaux entiers : Il peut encore arriver qu'il y en ait de fort incommodez lors de ces rendez-vous ; Ensorte que rien n'est plus necessaire que d'obliger les Commissaires à se conformer à ce qui est en cela des volontez du Roy. Les mesmes raisons subsistent à l'égard de la seconde visite, si ce n'est que M.rs les Intendans qui sont presens dans le temps de leurs Departemens, (lesdits Commissaires à leur suite,) peuvent bien dans les cas où ils l'estimeront à propos assigner un lieu sur leur passage, & dans une distance raisonnable, aux Gardes-Estalons, pour passer les chevaux en revûë, sans estre obligez d'en faire eux-mesmes la visite dans les Escuries. Mais plustôt que d'exposer trop lesdits chevaux, ils s'abstiendront autant qu'ils le pourront de les faire venir de trop loin, Et chargeront lesdits Commissaires de se transporter sur les lieux, d'où ils reviendront à leur suite, en prenant le temps que lesdits S.rs Intendans s'arresteront dans les differentes Elections, où ils sont d'ordinaire retenus un temps suffisant pour donner aux Commissaires celuy de les rejoindre. Ils les engageront enfin par toutes sortes d'excitations à remplir leurs devoirs avec la derniere exactitude ; le Conseil estant persuadé que, lorsqu'on a commencé à travailler sur de bons principes, on continuë de mesme ; Et qu'il n'est question que de reveiller de temps en temps l'application des Officiers chargez de certains détails, cette partie devant estre regardée comme une chose des plus utiles & des plus serieuses dans toutes sortes de services. M.rs les Intendans seront neantmoins toûjours les maistres d'ordonner à tous Gardes-Estalons les rendez-vous qu'ils estimeront à propos; tout ce qui leur est observé ici des inconveniens qui en peuvent arriver, n'estant que pour attirer leur attention sur les moindres choses : Et en cas de desobeissance de la part d'aucuns desdits Gardes-Estalons, ils pourront les en punir, en les privant de leurs Privileges, & les rayant des Rolles des Gardes-Estalons.

XXVIII.

LE Conseil observera à M.rs les Intendans, que s'ils ne trouvent moyen de remedier efficacement aux abus trop frequens, cy-devant expliquez & dont il leur sera encore parlé, en vain travailleront-ils d'ailleurs à la perfection de cet Establissement : Ainsi ils ne doivent point perdre de temps à reformer tout ce qu'ils reconnoistront de mauvais en ce genre, de concert avec les Commissaires, Et ils y employeront toute leur autorité, selon l'exigence des cas. Mais comme le Roy n'entend point que cet Establissement devienne à charge aux Peuples, M.rs les Intendans doivent éviter de condamner les particuliers en des Amendes, qu'il n'y ait de tres fortes preuves contre les contrevenans, Et aprés avoir entendu les parties & verifié les faits autant qu'ils le pourront, laissant neantmoins à leur prudence de punir subitement les plus mutins & qu'ils reconnoistront d'un esprit indocile & de caballe; comme le plus seur moyen de parvenir à une exacte discipline, & de faire observer les Reglemens du Roy. Plusieurs de M.rs les Intendans ayant estimé du bien du service que leurs Subdeleguez eussent le pouvoir de juger sommairement tous les cas de contravention concernant lesdits

Haras, les pourſuivans aimant mieux quelques-fois renoncer à leurs prétentions, que d'aller ſuivre leurs Procés à la ſuite deſdits S.rs Intendans, à cauſe de leur éloignement du Chef-lieu de la Generalité ; Aucuns ont rendu leurs Ordonnances, par leſquelles ils commettent leſdits Subdeleguez, chacun dans leur Departement, à cet effet, ſauf l'appel devant eux, avec permiſſion aux particuliers de ſe pourvoir pardevant ces Subdeleguez. Sa Majeſté laiſſe la liberté à M.rs les Intendans d'en uſer à cet égard comme ils le jugeront à propos: Et il leur ſera ſeulement recommandé de rendre la condition des Gardes-Eſtalons la moins diſpendieuſe qu'il leur ſera poſſible. Et la meſme choſe à l'égard des Particuliers contre leſquels leſdits Gardes pourroient exercer quelques vexations; les Commiſſaires ont ſouvent repreſenté qu'il ſe trouvoit des Gardes-Eſtalons qui, ne devant demander qu'un Eſcu & un boiſſeau d'avoine pour le ſervice de chaque Jument, exigeoient beaucoup davantage, ce qui empeſchoit les maiſtres des Jumens de les mener à l'Eſtalon, & les forçoit à les faire ſervir ſous-main par de mauvais Rouſſins qui produiſent les vilains chevaux, ſi communs dans tout le Royaume; il eſt également neceſſaire de punir les Gardes-Eſtalons qui ſeront convaincus de ſemblables malverſations. Les autres contraventions les plus ordinaires de la part des particuliers roulent ſur la licence de faire ſervir des chevaux non approuvez, Et de laiſſer vaguer les petits chevaux entiers avec les Cavales. On a expliqué de quelle importance il eſtoit de tenir la main aux deffenſes portées par le Reglement des Haras : Il paroiſt que ce ſont-là les cas où il ſoit plus neceſſaire d'uſer de ſeverité.

XXIX.

QUOYQUE le Commerce des Mules & Mulets soit particulier à un petit nombre de Provinces, on ne laissera pas d'adjoûter à ce Memoire les connoissances que l'on en doit avoir, par rapport à l'Inspection que les Commissaires des Haras ont naturellement sur toutes les Cavales de leur Departement, Et le choix qu'ils doivent faire de toutes celles qui seront servies par les Estalons ou par les Bouriquets. On expliquera de quelle importance il est de prescrire des regles, suivant lesquelles, en faisant le bien general du public & celuy de l'Estat, on previenne les abus qui se peuvent glisser dans le choix desdites Cavales, la quantité d'Animaux à approuver, sans prejudicier au service des Haras.

Il est bon premierement de connoistre l'Espece de Bouriquets dont on se sert pour la production des Mules & Mulets, taille, poil, prix & les accidens ausquels ils sont sujets.

Il se trouve dans le haut Poitou des Animaux qui sont presque aussi hauts que les plus grands Mulets, mais d'une figure differente ; ils ont quasi tous le poil long d'un demy pied sur tout le corps, les Boulets ou les jambes & les Jarets presqu'aussi larges que ceux des chevaux de Carrosse ; on les tient à l'Escurie separement dans des especes de Loges, attachez avec des chaisnes de fer, d'où on ne les fait sortir que pour saillir la Jument qui est aussi attachée dans un attelier fait exprés ; l'expedition finie on les remet à l'Ecurie.

Ils sont pour la plusspart tres vicieux & cruels, si ces Animaux se joignoient ils s'étrangleroient ; il n'y a que l'homme qui a coûtume de les pancer qui ose en approcher, les autres sont obligez de se munir de bastons : il y en a pourtant de plus traitables, mais communement quand ils ont failli, ils ſont beaucoup plus dangereux: On ne les ferre jamais; Et ils portent la corne longue d'un pied, ce qui eſt tres difforme.

Quand les Gardes-Eſtalons changent de ferme, Et qu'ils ſont obligez de tranſporter leur Haras d'un lieu à un autre, ils les abattent comme les chevaux qu'on veut hongrer, leur lient les jambes, & les mettent dans des charrettes pour les voiturer au nouveau gîte: S'ils échapoient par hazard, on auroit peine à les prendre, Et ils devoreroient ou étrangleroient tout ce qu'ils rencontreroient en leur chemin. Il n'y a gueres que ceux qui n'ont pas ſervi que l'on puiſſe conduire facilement.

Il y a dix à douze ans qu'ils eſtoient d'un prix exceſſif en Poitou, il s'en eſt vendu juſqu'à 500. Ecus piece; preſentement les plus beaux ne paſſent pas 8. à 900. livres lorſqu'ils ſont eprouvez & reconnus bons; ſi ce n'eſt quelques-uns que les Gardes Eſtalons, à qui ils appartiennent, eſtiment encore juſqu'à 1200. livres à cauſe de leur hauteur, épaiſſeur & largeur de leurs jarets, la hauteur toute ſeule ne ſuffiſant pas pour en relever le prix: mais à trois & quatre ans les plus beaux ne ſe vendent que 3. 4. & 500. livres; ceux de poil bien noir ſont les plus eſtimez, les gris ſales ſont les moins recherchez.

La goute & la morve ſont les maladies ordinaires à ces Animaux quand ils deviennent vieux; lorſque l'on en trouve de morveux, on les fait aſſommer, de crainte qu'ils ne communiquent leur mal aux Jumens qu'ils ſervent & aux autres Animaux; c'eſt une des principales attentions d'un Inſpecteur que celle-là, ſans quoy les Particuliers courroient riſque d'eſtre ruinez par rapport à la cherté de ces animaux, qui vient principalement de la difficulté qu'il y a de les élever juſqu'à trois ans, n'y en ayant pas le quart, du moins en Poitou,

qui

qui arrivent à cet âge ; mais aussi cet âge passé, ils vivent & servent jusques à 25. & 30. ans, avantage que n'ont pas les chevaux de France qui se trouvent vieux dés l'âge de 10. ans, lorsqu'ils ont servi aux Haras.

Ces Animaux perissent plus communément par les jambes, & deviennent si perclus qu'ils ne peuvent plus sortir de l'Escurie. Ils servent par jour huit & dix Jumens quand ils sont bien engrainez ; au lieu qu'un Estalon n'en peut servir utilement que deux ou trois au plus ; ils en pourroient saillir autant que les Baudets, mais ils n'en feroient pas plus de Poulains.

Il y a des Gardes-Estalons dans le haut Poitou, qui ont cinq & six de ces Animaux, dont chacun d'eux peut servir cent Jumens pendant le temps d'une Monte, jusques à l'âge de 22. ans ; aprés quoy ils diminuent de force : Ils ne commencent à les faire servir qu'à l'âge de quatre ans. Ils sont tous d'un tres grand entretien, car pour les bien conserver, on leur donne jusques à trois boisseaux d'Avoine par jour, mesure de Paris, c'est-à-dire pendant tout le temps de la Monte. Tous ne sont pas également vigoureux, de dix à peine en trouve-t-on quatre qui servent bien : quelques-uns ne veulent point de Jumens qu'ils n'ayent senti une Bourique : Ceux-cy ne sont pas si estimez, on ne leur donne pas de Bourique que toute la Monte ne soit finie, parce qu'ils ne voudroient plus servir de Cavales.

Dans la veûë qu'on a euë de conserver & de multiplier les Haras, on a proposé.

1.° De ne retenir qu'un petit nombre d'Animaux, Et de n'en permettre qu'un ou deux à chacun des Gardes-Estalons.

2.° De ne permettre qu'aux seuls Gardes-Estalons de les tenir pour le service Public.

3.° D'Ordonner que les plus grandes Jumens seront reservées pour les Estalons, & les mediocres données aux Animaux.

4.° Que les Animaux ne seront approuvez qu'à quatre pieds six pouces de hauteur; Et que ceux qui seront au dessous de cette taille, seront coupez.

5.° Et de fixer le prix du sault de l'Animal.

On trouve qu'on ne pourroit partager les chevaux & les Baudets à differens particuliers, sans beaucoup d'inconveniens: Et comme il y a plus de profit à avoir des Bouriquets que des Estalons, il est juste que les Gardes-Estalons joüissent de cet avantage; d'ailleurs il est presqu'impossible qu'un Garde-Bouriquet se passe de chevaux pour essayer les Jumens & les mettre en estat d'estre montées par l'Animal, car on ne le fait point sortir de l'Escurie que la Jument n'ait esté disposée par le secours d'un cheval entier à estre saillie; sans quoy il pourroit arriver du désordre tant à la Jument qu'au Baudet, ces Animaux estant plus ardens & plus vifs que les chevaux.

A l'égard de la fixation des Bouriquets au nombre de deux par Garde-Estalon, il est assez inutile, du moins dans le Poitou de l'ordonner; ceux-cy le restraignant d'eux mesmes à proportion du debit & des besoins que l'on a en France de Mules & Mulets: Cela peut cependant estre ordonné & fixé, mesme à un seul Animal dans les autres Départemens, pour chaque Haras.

On ne sçauroit fixer avec exclusion, la taille des animaux à quatre pieds six pouces, dans le bas Poitou ni dans les autres Provinces, à moins d'en vouloir supprimer l'Espece; ceux de cette taille sont tres rares, sinon dans le haut Poitou, & la plus grande partie des Gardes n'en pourroient avoir: Au lieu que les Animaux ordinaires du bas Poitou, qui ne coustent que 15. & 20. pistoles, suffisent pour la production des Mulets ordinaires, tant pour le service du Pays, que pour les Meusniers & les Voituriers des autres Provinces.

Dans la haute Auvergne, où l'usage est encore different du Poitou, & où la quantité des Bouriquets est beaucoup moindre; la necessité fait une loy à laquelle on est obligé de se conformer, qui est, d'approuver les animaux, quand ils sont bons, chez les Particuliers qui veulent les fournir pour tâcher d'avoir quelques Mulets avec les petites Jumens, qui autrement ne seroient d'aucune production aux particuliers. Tout ce qu'il y a à observer à cet égard, est d'enjoindre aux Gardes-Estalons qui sont à portée des Baudets, de prendre garde qu'on ne les donne aux Jumens annexées à leurs Estalons. Une seconde raison pour approuver des Baudets, autres que ceux des Gardes-Estalons dans la haute Auvergne, vient de ce qu'ils ne sont pas tous dans ce Pays-là en estat d'avoir des Estalons & des Baudets tout ensemble: ces raisons paroissent assez pertinentes, mais elles ne doivent point empescher que la loy ne soit generale, sauf les exceptions & modifications que M.rs les Intendans jugeront à propos d'ordonner, aprés avoir envoyé leurs avis au Conseil, & reçû les ordres de Sa Majesté sur ce sujet.

En basse Auvergne, où cet Establissement est fort ancien, les Commissaires ne souffrent point, non plus qu'en Poitou, Aunix & Xaintonge, que les Gardes-Estalons ayent de Bouriquets, s'ils n'ont de beaux chevaux; Et il n'y a qu'eux qui ayent la liberté d'en tenir: Les autres particuliers ne joüissent d'aucuns Privileges, Et ne peuvent esperer d'y participer, s'ils ne sont en mesme temps Gardes-Estalons.

En Franche-Comté, c'est-à-dire, dans le Bailliage d'Orgels, qui est le seul canton de la Comté de Bourgogne où il y ait de ces Animaux; les Baudets ne sont pareillement tenus que par ceux qui ont de beaux Estalons; il y en a actuellement dix-sept d'approuvez, mais quant à ce qui concerne la Taille, ces Baudets n'ont de hauteur que depuis 3. pieds 10. pouces jusques à 4. pieds; les gens de ce Pays-là ne voulant que de petits Mulets, qui sont plus propres que les autres pour le transport des bois aux Salines de Salins : Ainsi il n'est pas necessaire d'avoir dans ce Departement des Baudets plus hauts, il seroit mesme dangereux d'ordonner que ceux qui seroient de moindre taille fussent coupez : ce qui pourroit convenir à cet égard dans l'Aunix & le Poitou, deviendroit prejudiciable dans la Comté de Bourgogne.

Quand les Mules & les Mulets diminuent de prix, & que les Poulains se vendent bien, les particuliers font servir la plus grande partie de leurs Jumens aux chevaux, si elles sont de taille à donner de beaux Poulains : Et afin qu'elles leur donnent plus seurement du fruit, ils commencent par les faire servir par les Animaux; Et si elles redeviennent en chaleur aprés estre refroidies, ils les font servir par un cheval, y en ayant plusieurs qui ne retiennent point de l'Animal. Il est tres necessaire de conserver cette liberté aux particuliers, mais sans prejudicier à l'ordre des Rolles touchant les Jumens annexées aux Estalons.

On n'a pû mieux concilier le service des Estalons & des Animaux, qu'en ordonnant aux Gardes de donner les plus grandes Jumens à l'Estalon, suivant les Rolles des Commissaires ; ce qui n'est point contraire au bien des particuliers qui n'en souffrent aucune perte, puiſque ſi le fruit d'un Poulain n'eſt pas auſſi prompt que celuy d'un Mulet, ils en ſont dedommagez par l'excedent. On peut adjoûter pour bonne raiſon à ce Reglement, que l'obligation au Garde de faire diſtinction des grandes & des petites Jumens, l'aſſujettit à n'avoir que de beaux Eſtalons, par le riſque où il ſe trouveroit qu'on ne ſupprimât ſon mauvais cheval, & qu'on ne luy oſtât par conſequent l'uſage de ſes Animaux. On voit par ce détail que ce commerce ſemble reſervé aux provinces de Poitou, Aunix, Xaintonge, Auvergne & Franche-Comté: Que le haut Poitou fournit ſeul les Animaux de la plus grande taille, & les Mulets en plus grande quantité. Les Animaux ſont tres inferieurs dans le bas Poitou. On peut compter ſur 400. Animaux, & un peu plus, approuvez & ſervant uniquement à ce commerce. Le bas Poitou en occupe environ 25. le haut Poitou 250. l'Aunix & la Xaintonge 62. la haute Auverge 24. la Baſſe Auvergne 34. & la Franche-Comté 17. ou 18. qui produiſent année commune 18. à 19000. Mules ou Mulets.

Il s'éleve encore quelque Mulaſſe dans les provinces de Languedoc, Guyenne, Angoumois & Dauphiné; les particuliers y tiennent des Animaux au deffaut d'Eſtalons qui y ſont en fort petit nombre. Il ſera bon d'y apporter la meſme regle & police que dans les autres Departemens, Et de ne permettre qu'aux ſeuls Gardes-Eſtalons de tenir des Animaux; mais en Limouſin ce Commerce doit eſtre abſolument interdit.

Le produit de la Mulaſſe eſt d'un tres conſiderable revenu au Poitou, il paye au Roy un quart des Impoſitions qui s'y levent. Les Marchands d'Auvergne les y achetent à neuf mois, & les élevent chez eux pour le Piedmont & la Savoye,

Les Bayonnois les achetent aussi à neuf mois & à deux ans, Et en font un grand debit en Espagne.

Les Provençaux & ceux de Languedoc les achetent à trois ans, pour les Charuës & les Litieres, Et enlevent tout ce qu'il y a de plus grand & de plus beau ; ils en font aussi un debit assez considerable dans la Savoye.

Les Dauphinois y font le même Commerce en temps de Guerre.

Le principal objet des Haras estant de multiplier & de perfectionner l'espece de chevaux, on ne peut gueres estendre le nombre des Animaux plus loin dans le Royaume, sans nuire au Commerce du Poitou & de l'Aunix, comme Pays de convenance à cette production par l'abondance de leurs Pacages, Marais & Pâturages: Une liberté indéfinie dépeupleroit insensiblement les Provinces de chevaux. Et comme la Mulasse ne se produit point par elle-même, on ne peut l'augmenter qu'à la perte des chevaux beaucoup plus necessaires à la France : les Foires ne produiroient plus le même profit ; les plus considerables fournissent les autres Provinces d'un nombre infini de jeunes chevaux pour leurs besoins particuliers, Et ces mêmes chevaux dans un temps de Guerre se vendent de la seconde main pour la Cavalerie, &c. L'on ne peut douter que ce double Commerce ne soit plus utile à l'Estat & aux Particuliers, que le grand nombre de Mules & de Mulets, quand même le debit en seroit aussi facile en Paix que dans les temps de Guerre.

On avoit proposé pour la perfection de l'espece dans les Provinces où cet Establissement doit subsister, de faire venir des Bouriquets de la plus grande taille, d'Egypte, de Malthe & d'Alicant, où ils sont d'une beauté fort superieure à ceux du haut Poitou : Mais avant de s'engager dans une pareille dépense, il faudroit sçavoir s'ils sont effectivement plus forts & plus épais que les nostres. On prétend que l'on a essayé de ceux d'Egypte dans la Province d'Auvergne, & qu'ils n'y ont rien produit, ce qui est assez ordinaire dans les Animaux de toutes especes, lorsqu'ils passent d'un Climat fort chaud dans un Pays temperé ; d'autant que l'on a l'experience que ceux mêmes de Poitou ne réüssissent point en Auvergne, Et que l'on s'en est tenu à ceux du Pays. Il pourroit arriver aussi que ces Animaux estrangers ne se trouveroient pas de bonne volonté, puisque l'on en voit assez communément de ceux de Poitou qui ne veulent point de Jumens.

Il sera bon de consulter encore sur ce sujet les gens les plus entendus ; Et s'il se presentoit des Particuliers qui voulussent se charger d'en faire l'épreuve, & entrer pour moitié dans cette dépense, le Roy voudroit bien supporter l'autre, & donner ses ordres aux Consuls de la Nation Françoise dans les Pays cy-dessus, de faire ces sortes d'emplettes avec toutes les précautions & l'économie possibles. On pourroit encore essayer de faire venir un nombre des plus belles Bouriques, & les faire couvrir sur les lieux par des Animaux épais & vigoureux, un mois avant leur Embarquement, en prenant de justes mesures pour les faire arriver en France avant de faire leurs Bouriquets.

M.rs les Intendans examineront, s'il leur plaist, tout ce que le Conseil a estimé necessaire de leur observer ici sur cette matiere, sur quoy ils donneront leur avis ; Sa Majesté voulant neantmoins qu'ils tiennent la main à l'execution des Articles du Reglement des Haras touchant le ſervice deſdits Animaux, ſans y apporter aucun changement, ſi ce n'eſt par ſes ordres, & aprés les obſervations qui luy en ſeront venuës de leur part,

XXX.

COMME il ſeroit trés difficile aux Commiſſaires de connoiſtre par eux-mêmes le relâchement des Gardes-Eſtalons hors les temps de leurs viſites ordinaires, encore moins de pouvoir ſurprendre dans les Communes les petits chevaux qui cauſent tant de deſordre dans les Haras, de même que les Coureurs de Campagne, & autres Particuliers ſedentaires qui tiennent des chevaux entiers, & les font ſervir d'Eſtalons, contre les deffenſes expreſſes de Sa Majeſté; Et qu'il ſe trouve enfin gens qui refuſent quelquefois d'obéïr aux Ordonnances de M.rs les Intendans: On a repreſenté qu'il eſtoit neceſſaire que leſdits Commiſſaires euſſent un ou deux Gardes auprés d'eux avec des Bandolieres pour ſervir ſous leurs ordres, Et ſe tranſporter dans les lieux les plus ſuſceptibles de contraventions, pour ſurprendre les Particuliers qui tomberoient en faute, ou les contenir du moins par l'incertitude du moment où ils pourront eſtre obſervez & ſurpris; pour ſur leurs Procés verbaux, eſtre ordonné ce qu'il appartiendra par M.rs les Intendans. Et d'autant que l'on s'eſt déja ſervi aſſez utilement de Gardes-Haras dans aucuns des Départemens, leſquels ſe ſont contentez pour toute retribution de joüir des mêmes Privileges accordez aux Gardes-Eſtalons, Et de participer pour moitié aux Amendes prononcées ſur leurs Procés verbaux par M.rs les Intendans; le Roy a entierement approuvé la propoſition qui luy a eſté faite à cet égard, & de rendre cet eſtabliſſement general dans tout le Royaume. Ainſi Sa Majeſté permet à M.rs les Intendans d'eſtablir d'eſtablir un ou deux Gardes-Haras dans l'étenduë du Département de chaque Commiſſaire, pour ſervir ſous les ordres deſdits Commiſſaires qui donneront auſdits Gardes toutes les inſtructions qu'ils eſtimeront à propos pour ſe bien acquitter de leurs miſſions, & dont ils doivent envoyer copie au Conſeil. Leſdits Gardes-Haras ſeront pourvûs de Commiſſions de M.rs les Intendans, auſquels le Conſeil recommande de préferer toûjours les ſujets les plus affectionnez aux Commiſſaires, & ſur les connoiſſances qu'ils auront de leur zele & fidelité.

Le Conſeil repetera encore, à l'occaſion des contraventions qui ſe commettent ſur le fait des Haras, qu'il luy paroît de toute neceſſité d'appeſantir un peu la main contre ceux qui font ſervir des chevaux non approuvez, en leur faiſant ſubir les peines qu'ils auront encouruës; Et la même choſe à l'égard des Proprietaires des petits chevaux non entravez; afin que les exemples puiſſent arreſter ces ſortes d'abus comme les plus préjudiciables au progrez des Haras. Cependant ſur ce qui regarde les chevaux non approuvez, M.rs les Intendans ſe ſouviendront qu'il eſt libre aux Particuliers qui ont des chevaux entiers & des Jumens à eux appartenant, de faire ſervir leurs Cavales par leurs propres chevaux, Et que les deffenſes roulent ſur le ſervice public deſdits chevaux entiers non approuvez, leſquels doivent eſtre confiſquez, avec amende contre les Proprietaires, s'ils ſervent d'autres Cavales que celles appartenant aux Proprietaires deſdits chevaux entiers.

XXXI.

UNE choſe digne de l'attention de M.rs les Intendans eſt, que de tous les Articles qui compoſent le nouveau Reglement & les inſtructions touchant l'adminiſtration desdits Haras, il n'y en a aucun qui n'ait esté discuté, & dont l'execution ne soit trés possible, puisqu'elle a lieu, sinon dans toutes les Provinces, du moins dans celles où les Commissaires ont marqué une veritable envie de bien faire. L'on sçait que de tous ces principes generaux, aucuns pourroient estre opposez à la constitution & disposition naturelle des Pays, mais l'on entend parler de cette diversité d'opinions qui tendent d'ordinaire au relâchement des Loix les plus sages.

Le Conseil peut donc avancer à M^rs^. les Intendans qu'aprés que l'on se sera efforcé de leur prouver une sorte d'impossibilité dans l'execution d'aucuns des Articles desdits Reglement & Instructions, on leur fera connoître en même temps que les mêmes choses s'executent ailleurs sans aucune contrainte ni recours à la force majeure, parce que la bonne volonté opere chez les uns, ce que le deffaut de zele & l'obstination rendent impossible chez les autres. C'est sur ces sortes de representations qu'ils sont priez d'estre fort en garde, Et de ne s'en point rapporter aux personnes interessées & éloignées de tout ce qui s'appelle sujettion : Ensorte du moins que ceux qui sont capables de raison & de docilité ne soient pas détournez de bien faire, par le mauvais exemple des autres.

Les Commissaires doivent veritablement ménager l'esprit des Gardes-Estalons ; Et M^rs^. les Intendans jugeront des occasions où ils devront de leur costé user des voyes de menaces ou de douceur.

XXXII.

Ils trouveront cy-joint la Declaration du Roy du 22. Septembre 1709. touchant les Privileges des Gardes-Estalons.

Le Reglement de Sa Majesté du 22. Fevrier 1717,

ſur l'adminiſtration & police generale deſdits Haras, en fin duquel ſont tous les Modeles ou Formules d'Expeditions à fournir par les Commiſſaires deſdits Haras.

Une inſtruction particuliere aux Commiſſaires, qui leur explique plus en détail le devoir de leur Employ.

Et un Memoire inſtructif aux Gardes-Eſtalons ſur ce qui concerne leurs obligations, dont le détail n'a pû eſtre compris dans ledit Reglement.

Le Conſeil recommande trés fortement à M.rs les Intendans, de vouloir bien prendre une connoiſſance parfaite de toutes ces nouvelles diſpoſitions, pour pouvoir agir en connoiſſance de cauſe, ſans aucun découragement par rapport au petit objet dont les Haras pourroient eſtre dans aucunes des Provinces du Royaume; puiſque ce ſera toûjours ſervir le Roy dans le peu qu'ils opereront, Et qu'il leur en ſera tenu un égal compte; Sa Majeſté n'exigeant point d'eux l'impoſſible, Et ſeulement que chaque Province concoure ſelon ſes proprietez à l'augmentation deſdits Haras, dont le progrés eſt ſi lent & ſi difficile qu'on ne peut prevenir de trop loin la préparation que cela demande par rapport aux beſoins du Royaume preſens & à venir. Les Haras ſont un bien commun pour tous les Sujets de l'Eſtat; il faut pareillement que les Provinces y participent, Et l'on doit enfin revenir de l'erreur où l'on a eſté, qu'il ſuffiroit de s'attacher aux ſeules Provinces qui y ſont les plus propres, puiſque non-ſeulement elles ne pourroient jamais fournir le nombre & la qualité ſuffiſante pour tous les beſoins du Royaume, ſur tout en temps de Guerre, mais que ces Pays affectez aux Haras, donneroient continuellement la Loy aux autres Provinces, lorſqu'elles peuvent ſe fournir par elles-mêmes de chevaux de toutes Eſpeces.

M.rs les Intendans feront faire toutes les Publications qu'ils eftimeront neceffaires de ces nouvelles difpofitions, afin que perfonne n'en prétende caufe d'ignorance. Les Commiffaires leur prefenteront les Memoires du nombre de Formules dont ils auront befoin, fur lefquels ils donneront leurs ordres à leurs Imprimeurs pour l'Impreffion defdites Formules ; Et le Roy en fupportera la dépenfe de la même maniere qu'il fe pratique pour toutes les Impreffions que lefdits S.rs Intendans ordonnent concernant le fervice de Sa Majefté. FAIT au Confeil le vingt-huit Février mil fept cens dix-fept. *Signé* le Duc D'ANTIN.

Signé BRANCAS.

Et plus bas, MORET.

MEMOIRE

Du Conseil du Dedans du Royaume, pour servir d'instruction aux S.rs Commissaires-Inspecteurs des Haras dans les Provinces du Royaume.

COMME il n'a pas esté possible de comprendre dans un Reglement toutes les observations à faire sur la discipline & l'avancement des Haras ; Le Conseil qui donne toute l'attention qu'exige l'importance de cette affaire, a estimé du bien du service de dresser la presente Instruction, comme un supplement necessaire des Intentions de Sa Majesté, touchant les fonctions & le devoir des Commissaires-Inspecteurs desdits Haras.

ARTICLE PREMIER.

LESDITS Commissaires-Inspecteurs sont chargez de faire leur premiere Revûë dans les mois de Mars, Avril & May, qui est le temps de la Monte. Ils voyent les Estalons, & reçoivent les plaintes des Gardes. Ils ordonnent le changement & remplacement des chevaux ainsi qu'ils l'estiment à propos pour le bien du service, dont ils rendent compte à M.rs les Intendans ; Et la permission aux Gardes de se deffaire de ceux encore jugez propres au service, ne leur est accordée que lorsqu'ils presentent d'autres Estalons qu'on juge pouvoir les remplacer plus utilement. C'est dans cette Revûë que les nouveaux Gardes se presentent ordinairement ; les Commissaires les reçoivent à la charge d'avoir des Estalons convenables, à la seconde Revûë, qui est celle de M.rs les Intendans; Lesdits Gardes donnent leurs soumissions à cet effet, Et les Commissaires leur fournissent leurs Certificats, pour que leur qualité soit connuë; Et sur ces Certificats M.rs les Intendans leur délivrent leurs Commissions, au moyen de quoy ils joüissent des privileges qui leur sont accordez. Lesdits Commissaires-Inspecteurs prennent connoissance & reçoivent les Memoires des Impositions des Gardes à Taille; des Terres qu'ils exploitent & des Fermes qu'ils tiennent, pour en rendre compte à M.rs les Intendans aux Départemens: Ils dressent ensuite leurs Procés verbaux de premiere visite, qu'ils presentent à M.rs les Intendans pour y mettre leur Vû; ils les envoyent aussi-tost au Conseil du Dedans du Royaume, en laissent une Copie ausdits S.rs Intendans; Et un peu avant le Département desdits S.rs Intendans, ceux-cy envoyent aux Commissaires-Inspecteurs un Estat de leurs Tournées, où ils marquent les jours qu'ils se doivent trouver dans chaque lieu, & celuy de leur Revûë dans chaque Election, à laquelle le Commissaire assiste indispensablement. Ils adressent en même temps leurs ordres ausdits Commissaires pour les Gardes-Estalons, qu'ils leurs font tenir par les Gardes-Haras, pour se trouver à la Revûë de M.rs les Intendans, aux lieux & aux jours marquez. Les Gardes qui y manquent doivent estre rayez des Rolles, sauf à les punir plus severement, si le cas y échet. Les nouveaux Gardes qui ne presentent point de beaux chevaux, ne sont point reçûs; lesdits Commissaires se chargent de toutes leurs Requestes pour les presenter à M.rs les Intendans, qui les examinent & y répondent en faisant leurs Départemens, Et reglent enfin toutes les contestations qui surviennent entre lesdits Gardes, les Officiers des Elections,

Les Receveurs des Tailles, & les Collecteurs. Les Procés verbaux qu'ils dressent de cette seconde visite, sont pareillement envoyez au Conseil du Dedans du Royaume, aprés avoir esté vûs de M.rs les Intendans. Voilà en general où se réduisent les mouvemens de leurs Employs : Il s'agit de leur faire connoistre plus particulierement l'attention qu'ils doivent donner aux choses qui peuvent contribuer à l'ordre, à la discipline, à la connoissance & perfection d'un Establissement aussi utile qu'important au bien du public & de l'Estat en general.

II.

ILS doivent sçavoir que leur caractere ne leur permet, sous aucun pretexte, de prononcer sur aucun Chef, ni de rendre des Ordonnances; Et qu'ils n'ont que la voye de representation auprés de M.rs les Intendans, qui peuvent seuls statuer & donner leurs ordres & Ordonnances sur les differens incidens qui surviennent, & sur les changemens qui se proposent & qu'il convient de faire dans le cours de chacune année; Et la même chose à l'égard des contraventions. C'est sur ce principe qu'il leur est ordonné de faire viser leursdits Procés verbaux par M.rs les Intendans, afin qu'ils soient generalement informez de tout ce qui se passe en consequence de leurs ordres.

III.

ON eut avis au commencement de l'Establissement des Haras, que quelques-uns des Commissaires faisoient un Commerce ouvert de chevaux, & obligeoient les Gardes-Estalons à les recevoir de leurs mains pour le prix qu'ils y mettoient : Et quoyque le Conseil soit bien informé que pareille chose ne subsiste point aujourd'huy, Il estime neantmoins à propos d'expliquer aufdits S.rs Commiffaires, que le Roy ne fouffrira jamais qu'ils fe rendent Marchands de chevaux, Et qu'il leur doit fuffire d'en avoir le nombre qui convient à leur ufage particulier.

IV.

LA Vifite generale ordonnée aux Commiffaires-Infpecteurs, fuivant la formule en fin du nouveau Reglement, a paru au Confeil d'une neceffité indifpenfable, puifqu'il eft impoffible de juger du merite d'un Eftabliffement de Haras, fi l'on ne fçait d'abord le nombre & la qualité des Jumens répanduës dans chaque Province ou Département. Ce recenfement eft encore neceffaire pour regler la quantité d'Eftalons à placer dans chaque canton, Et parvenir à en fixer le nombre dans tout le Royaume; afin de faire ceffer une bonne fois les plaintes, bien ou mal fondées, de ceux qui prétendent que l'on nomme fouvent des Gardes-Eftalons dans des paroiffes dépourvûës de Jumens & de pacages, dans la vûë de favorifer un particulier qui cherche uniquement à joüir des privileges de Garde-Eftalon; Et le Confeil fe trouvera en eftat par ce travail de juger de la qualité des plaintes qui luy feront adreffées en pareil cas.

V.

APRÉS le recenfement des Jumens, ils feront leurs obfervations dans chaque Election, Baillage ou Evêché, fur leur eftenduë & quantité de paroiffes qui les compofent, leurs fituations, les differentes Rivieres qui les arrofent, le nombre d'Arpens de Prairies, Herbages, Pâtures, Pâturages, Pacages, Marais, Communes ou Landes, & generalement fur tout ce qui peut donner une idée parfaite de la nature du Pays; le fuccés de l'Eftabliffement d'un Haras dépendant en partie de ces

ces connoiſſances, comme du choix des Eſtalons ſelon les conſtitutions differentes des Pays, Taille & qualitez des Jumens. Il leur ſera envoyé pluſieurs Exemplaires en grand papier de ladite formule, pour leur éviter un travail de regle & de compas, & d'une trop difficile execution pour des Gentilshommes ; enſorte qu'il ne leur reſtera qu'à remplir les Colomnes deſdits Modelles.

VI.

INDEPENDAMMENT de l'ordre à ſuivre par ladite Formule, ils s'informeront encore des changemens qu'il eſt à propos de faire dans les Eſtalons du Roy ou approuvez ; ſi dans ceux qui reſteront on en peut eſperer de beaux Poulains de taille & bien faits pour chevaux de Maiſtre & de Chaſſe, ou pour la Guerre, ou pour la Maiſon du Roy ; ou s'ils ne conviennent que pour des Cavaliers & des Dragons : Et enfin ils étudieront quelle eſt l'eſpece naturelle des chevaux de chaque pays, ſoit de tirage ou de monture ; ſi les Poulains du pays ne ſont point attaquez de vices, maladies ou accidens ordinaires ; ſi les chevaux eſtrangers réüſſiroient dans le pays préferablement aux chevaux françois ; l'eſpece & la taille les plus convenables : Et à l'égard des Pâturages ils ſçauront des gens du pays s'ils ne ſont point trop gras ou trop humimides, & quelle eſt la qualité deſdits fonds ; Et ſi les deffauts ordinaires des chevaux du pays ne provienent point de la qualité deſdits Pâturages : Si par ces differences, dans une même Province, elles ne produiſent point des chevaux d'une nature differente les uns des autres : Et par conſequent s'il convient d'élever des chevaux fins & déchargez, dans un canton, Et des chevaux épais propres au Carroſſe & au tirage

V

dans d'autres : La maniere dont les Estalons sont gouvernez ; si on les tient à l'Epave ou à l'Ecurie toute l'année ; ou si l'on partage ces differentes façons selon les saisons : La maniere dont on éleve les Poulains ; si on les laisse à l'herbe toute l'année , sans les en retirer que dans le temps des neiges , ou si on les fait passer l'Hyver à l'Ecurie , & comment on les y nourrit : Les changemens à faire dans les usages des pays pour perfectionner l'Establissement ; Et si à force de soins & d'attentions on peut esperer de parvenir à avoir de beaux chevaux de toutes especes & de la reputation de ceux des Pays Estrangers. Ils feront encore leurs observations particulieres sur les cantons qui ont esté les plus negligez jusques à present ; Ils en expliqueront la cause , & si l'on doit songer à y placer des Estalons , ou renoncer pour jamais à y tenir des Haras.

VII.

ILS prendront connoissance du nombre des Foires aux chevaux qui se tiennent pendant le cours de l'année dans l'estenduë de leurs Departemens , dont ils envoyeront des Estats distincts & separez au Conseil. Ils les diviseront en sept Colomnes, sur du grand papier : la premiere marquera les noms des Elections, ou Bailliages, ou Evesches ; la deuxiéme , les noms des lieux où se tiennent lesdites Foires ; la troisiéme , les jours & mois ; la quatriéme , la quantité à peu prés de chevaux & de Poulains qu'on mene à chacune desdites Foires ; la cinquiéme de quel Pays ils sont ; la sixiéme de quelle espece ; la septiéme , le prix ordinaire des chevaux & Poulains. Et comme ce travail peut exiger les secours des gens des lieux, & entr'autres des Subdeleguez de M.[rs] les Intendans , & des principaux des Villes, pour avoir tous les eclairciſſemens neceſſaires ſur ce ſujet; ils s'adreſſeront à M.[rs] les Intendans, & les prieront de donner leurs ordres à leurs Subdeleguez, aux Maires, Conſuls ou Syndics, pour les obliger de répondre poſitivement à toutes leurs queſtions. Au ſurplus leſdits Commiſſaires-Inſpecteurs ſont informez qu'il doit regner une liberté entiere dans leſdites Foires, ſur la vente des chevaux, Cavales & Poulins, Et qu'il ne leur eſt pas permis de prendre aucun cheval, meſme pour le ſervice des Haras, ſi ce n'eſt de gré à gré, & en payant le prix convenu aux proprietaires.

VIII.

ILS ne doivent point craindre, à l'occaſion de toutes ces obſervations, d'allarmer les Peuples plus que de raiſon, par l'idée qu'ils ont ſouvent que l'on ne prend toutes ces connoiſſances que pour leur impoſer quelque Taxe nouvelle, à proportion du profit qu'ils peuvent faire ſur le produit de leurs Cavales; puiſque le temps les perſuadera du contraire, & qu'ils connoiſtront que tous ces ſoins tendent uniquement au bien public; Et le Roy ordonne auſdits Commiſſaires-Inſpecteurs de paſſer legerement ſur des conſiderations auſſi frivoles, qui n'ont pour fondement que l'éloignement de toute ſujettion & de regles : Sa Majeſté leur permet néanmoins d'apporter, dans ces commencemens de Viſites generales, les menagemens & précautions qu'ils eſtimeront à propos, ſans cependant ſe relaſcher de tout ce qu'ils doivent exiger & des Communautez & des particuliers, à peine d'en répondre.

IX.

ILS remarqueront touchant les modelles des Procés verbaux de Premiere & Seconde viſite, en fin du nouveau

Reglement, que la Colomne des Parroiſſes doit eſtre diſtinguée; Sçavoir, dans les Pays d'Elections, par le nom de chaque Election en teſte : En Bourgogne, en Breſſe, & en Franche-Comté, par Bailliages : En Bretagne, par Eveſchez : En Languedoc, la meſme choſe : Calais & Ardres, par le Gouvernement de Calais, diſtingué par le haut & le bas Pays, & le Gouvernement d'Ardres : Le Bearn, par Seneſchauſſées & Vallées : La Navarre, par pays & Parroiſſes : Le pays de Soule, par Degueries & Parroiſſes. La recapitulation du Procés verbal de premiere Viſite comprend quatre Colomnes ; la premiere, pour rappeller le nombre des Eſtalons Royaux & approuvez de la precedente année ; la deuxiéme, pour marquer le nombre actuel deſdits Eſtalons Royaux & approuvez ; la troiſiéme, pour faire connoiſtre l'augmentation deſdits Eſtalons ; Et la quatriéme, pour faire voir la diminution par rapport aux Totaux deſdites Eſpeces, & du premier coup d'œil, le progrés ou le deperiſſement des Haras dans un Département, ce qui eſt proprement un Eſtat de comparaiſon. La recapitulation du Procés verbal de ſeconde Viſite comprend ſix Colomnes, la premiere rappelle le nombre des Eſtalons effectifs tant au Roy qu'approuvez ; enſuite le nombre des Jumens ſautées à la Monte derniere, & le nombre des Poulains & Pouliches nez de la Monte precedente : la deuxiéme Colomne eſt pour marquer les Totaux de chaque Eſpece. Ces deux premieres Colomnes ne ſont qu'une repetition de l'Eſtat des Haras de l'année precedente. La troiſiéme & la quatriéme expriment le nombre preſent des meſmes Eſpeces avec les Totaux ; la cinquiéme & la ſixiéme ſont connoiſtre, par comparaiſon d'un Total à un autre, l'augmentation ou la diminution d'une année à l'autre, tant sur le nombre des Estalons, que sur les Jumens saillies, Poulains ou Pouliches nez d'une Monte à l'autre.

X.

Ils verront avec soin l'espece d'Estalons qui a le mieux réüssi, pour s'asseûrer de la qualité de ceux qui conviendront le mieux au pays, soit Estrangers, soit des provinces du Royaume, ou du pays mesme : Surquoy ils ne sçauroient trop consulter les gens connoisseurs & entendus, & particulierement ceux qui ont déja élevé des Poulains ; puisqu'il y a souvent de la prévention dans le goust des particuliers par rapport au choix & à l'espece desdits Estalons. Dans ce cas c'est ausdits Commissaires-Inspecteurs à en decider selon leurs lumieres, & à travailler peu à peu à les desabuser.

XI.

Les Estalons ne peuvent estre trop beaux ni trop parfaits, les Poulains tenant toûjours beaucoup plus du pere que de la mere. La Taille & la Tournure d'un Estalon seront depuis 4. pieds 9. & 10. pouces, jusques à 5. pieds de haut, ayant du corps, beau sabot, la jambe large & fine, le nerf bien detaché, point de poil aux jambes, bien traversez, ouverts devant & derriere, la coste ronde, point enselez, peu d'épaules, l'encolure longue sans col de serpe, petite teste sans ganache, l'oreille bien picquée & petite, bridant haut d'un air noble ; Et dans tout cela une certaine finesse, proportionnée cependant à ce que l'on appelle un cheval qui a du Corps ; Et surtout mangeant bien ; Zain ou non, il n'importe ; Et se souvenir qu'un fort beau cheval peut estre un fort mauvais Estalon.

XII.

On a representé, vû la difficulté qu'il y a de trouver des particuliers qui veüillent se charger de l'achat & entretien des chevaux pour servir d'Estalons, que les reformes ne devoient se faire que peu à peu ; Et qu'il estoit necessaire d'user d'indulgence, pour ne point effaroucher les particuliers ni les éloigner de cet Establissement. On donnoit pour exemple que les Estalons qui restent toute l'année dans les Pacages, ne pouvoient estre soignez comme ceux que l'on tient dans les Ecuries ; ce qui n'empeschoit pas que, quoyque moins beaux du premier coup d'œil, ils ne pussent donner de belles races & deplaire en mesme temps : mais, cette observation ne pouvant regarder que les Estalons qui restent dans les Pacages, le Conseil n'hesite point d'ordonner ausdits Commissaires de ne souffrir aucuns Estalons qui ne soient d'une beauté parfaite, & de revoquer sans balancer tous ceux qui seront jugez defectueux.

XIII.

Le Roy ayant fixé au nombre de 30. ou 35. les Jumens qui seront données aux Estalons ; les Commissaires auront soin d'examiner si quelques-uns desdits Estalons ne sont point surchargez par rapport à leur force, âge ou vigueur, pour y apporter le remede convenable. On n'en donne gueres cependant que 20. & 25. au plus, aux Estalons qui sont toûjours à l'Herbe ou à l'Epave, estant moins vigoureux que ceux qui sont tenus toute l'année à l'Ecurie, Et l'experience fait connoistre journellement que les autres se ruinent en moins de trois ans. Dans les pays peuplez de Cavales, où les Pacages ne sont point abondans, & par consequent où les Particuliers n'ont pas toutes les facilitez neceſſaires pour y élever des Poulains, les Commiſſaires ont la précaution, aprés avoir deſigné les Parroiſſes circonvoiſines d'où les Jumens ſeront amenées à l'Eſtalon du Roy ou approuvé, de former leur Rolle de 100. Jumens au moins, dont 30. ou 35. doivent eſtre ſervies la premiere année, Et les autres ſucceſſivement & à tour de Rolle, enſorte que toutes les Cavales ſont deux années entieres ſans aller à l'Eſtalon. Cet uſage qui eſt propre à certains cantons ne doit point eſtre regardé comme une loy, mais il doit ſervir à eſtablir par tout le Royaume, autant qu'il ſera au pouvoir des Commiſſaires, au moins une année de repos pour chaque Cavale. Les raiſons de ce tour de Rolle, & de l'avantage qui en reſultera pour l'avancement & la perfection des Haras, ſe font trop bien ſentir pour en donner icy l'explication. Il s'agit ſeulement dans ces commencemens, de ne point refuſer abſolument aux gens mal aiſez & qui comptent ſur le revenu annuel de leurs Poulains, la liberté de faire ſaillir leurs Jumens toutes les années. Les Rolles de celles qui doivent eſtre ſervies par les Eſtalons du Roy ou approuvez, ont eſté totalement negligez dans d'autres provinces, ſous pretexte de la liberté qu'il convient de laiſſer aux particuliers ſur le choix deſdits Eſtalons, & parce que dans ces meſmes pays les Jumens s'y trouvent en tres grand nombre, & que les Eſtalons n'y manquent jamais de pratique, ni les Poulains de Pâturages : les Commiſſaires y obſervent ſeulement d'avertir les Gardes-Eſtalons de faire ſervir les plus belles Cavales par l'Eſtalon, & de ne donner aux Bouriquets les plus petites Jumens. On ajoûte un autre exemple à l'égard du bas Poitou, où le principal revenu des Habitans conſiſte en Herbages

& Pâturages, les Proprietaires de ces Marais sont obligez d'avoir plusieurs Jumens pour les consommer; Et l'on dit que le profit de ces Jumens leur deviendroit inutile, s'ils n'avoient pas de bons Estalons pour les servir; que s'ils ne sont pas toûjours en estat d'achcter la quantité de Jumens qu'il leur faudroit pour la consommation de leurs Herbages, les habitans des parroisses voisines situées dans la Plaine & dans le Bocage, envoyent les leurs paistre dans ces Marais pendant les mois d'Avril, May & Juin: Qu'ils choisissent les endroits où sont les plus beaux Estalons pour faire couvrir ces Jumens, & payent pour cela une retribution de dix à douze livres pour chaque Jument, ensorte que l'ordre des Rolles y paroist également inutile. Mais il resulteroit de ces consequences une liberté indefinie, qui dégenereroit à un abandon total de toute Regle, Inspection & Police; ainsi en aucun cas, ni sous quelque pretexte que ce puisse estre, les Commissaires ne pourront se dispenser de l'ordre des Rolles des Jumens qui seront servies par les Estalons, soit que les Gardes soient proprietaires d'un nombre considerable de Cavales, soit qu'ils tiennent dans leurs Marais pendant trois & quatre mois celles des particuliers pour la consommation de leurs herbages; puisque, dans ce dernier cas, elles ne doivent point estre servies indifferemment par les Estalons, Et que celles d'une taille & d'une qualité mediocres doivent estre tenuës dans des Herbages separez des Estalons; à peine d'amende contre les proprietaires des Marais, qui contreviendront aux ordres qui leur seront donnez par les Commissaires.

XIV.

Le Conseil est informé que les Rolles des Poulains &

& Pouliches sont les moins exacts de tous, par le peu de soin que prennent lesdits Gardes-Estalons de s'informer du produit des Jumens sautées ; s'excusant pour l'ordinaire sur ce qu'une partie desdites Jumens sont venduës ou échangées entre les deux Montes, ou ne sont point ramenées l'année suivante au même Haras : mais il leur sera toûjours trés-aisé d'écrire, ou de faire écrire sur le Rolle qui leur est donné par le Commissaire, que la Jument d'un tel a fait un Poulain ; celle d'un autre une Pouliche ; qu'une autre est avortée ; Et que celle d'un tel a esté venduë pleine, ou qu'elle n'a point esté servie. Lesdits Commissaires-Inspecteurs leur feront observer plus d'exactitude à l'avenir, à cet égard, en les obligeant de se conformer aux modelles de Rolles qu'ils leur doivent laisser : Et lorsqu'ils ne pourront pas les y assujettir par eux-mêmes, ils examineront si ce deffaut provient d'ignorance ou de malice & opiniastreté ; dans le premier cas, ils les exhorteront à avoir recours à ceux de leurs compatriotes qui sçauront écrire, pour remplir les Colomnes desdits Estats ; Et dans le second, lesdits Commissaires auront recours à M.rs les Intendans, afin qu'ils puissent, en connoissance de cause, leur faire subir la peine qu'ils auront méritée. Lesdits Commissaires leur feront même valoir que Sa Majesté a bien voulu les dispenser de l'ordre des Registres qu'on les obligeoit de tenir cy-devant, Et que rien n'est plus facile pour eux que de remplir les modelles d'Estats qui leur doivent estre donnez par les Commissaires.

XV.

Les Rolles de la Saillie des Jumens ne peuvent causer ni embarras ni perte de temps ausdits Gardes ; ils leur seront utiles au contraire pour le payement du droit du Sault, qu'ils peuvent fonder sur lesdits Rolles en les faisant attester par le Syndic, ou Curé, ou principal Habitant du lieu, pour servir d'autant plus à establir leur dette & la contravention des Particuliers qui auroient mené leurs Jumens à d'autres Estalons ; Et les Habitans Proprietaires desdites Jumens ont aussi un interest sensible que les Rolles des Jumens annexées aux Estalons soient dressez dans la forme prescrite, parce que, suivant la disposition du Reglement des Haras, les Jumens destinées aux Estalons approuvez ne peuvent estre saisies pour quelque cause que ce soit, ni les Poulains qui en proviennent, Et qu'il leur est également necessaire de trouver la preuve que leurs Jumens & Poulains sont dans le cas dudit Privilege.

XVI.

LORSQU'UN Estalon succedera à un autre dans la même Parroisse, les Commissaires-Inspecteurs se dispenseront de rappeller le Rolle des Jumens annexées à l'Estalon de ladite Parroisse, pour ne point fatiguer l'habitant d'une nouvelle Revûë de ses Jumens ; Et le nouveau Garde-Estalon se conformera aux Rolles expediez & remis à celuy qui l'a précedé.

XVII.

LESDITS Commissaires-Inspecteurs s'attacheront à connoistre les gens les plus propres à se charger d'Estalons & à les bien entretenir ; ils observeront, autant qu'ils le pourront, de faire choix de bons Bourgeois, Fermiers & Laboureurs, qui, par les Privileges dont ils joüissent en cette consideration, sont plus attentifs aux devoirs de Gardes-Estalons que les Gentilshommes : l'intention du Roy n'est pas cependant d'exclure les Seigneurs des paroisses & Gentilshommes de la

Garde desdits Estalons ; ce sera ausdits Commissaires-Inspecteurs à faire choix de ceux qu'ils jugeront les mieux intentionnez pour l'avancement des Haras, & capables de se conformer en toutes choses aux Intentions de Sa Majesté. Ils auront la même attention à l'égard des Curez, Prieurs, Communautez, & Maîtres d'Hostelleries.

XVIII.

ILS examineront si le nombre d'Estalons establi dans leurs Départemens est suffisant pour servir les Jumens des Particuliers, à raison de 30. à 35. pour chaque Estalon ; ils exciteront par toutes sortes de bonnes raisons les plus aisez à donner leurs soumissions de se fournir de beaux chevaux, ou à en recevoir de l'espece, âge & tournure convenables, moyennant une somme dont il sera convenu, payable dans le terme de six mois en deux payemens égaux, en attendant que des temps plus favorables permettent de les leur distribuer gratuitement ; pourvû neanmoins que cela se fasse de gré à gré, sans user de force majeure pour y contraindre les Particuliers ; le principe general sur lequel on doit travailler, estant de donner une pleine liberté aux peuples, & de les obliger seulement à garder les formalitez necessaires, pour maintenir le bon ordre & empêcher tous abus, ainsi qu'on l'a déja observé à M.rs les Intendans : Et où il ne se trouveroit pas de gens assez riches, ou d'assez bonne volonté pour faire cette dépense dans les lieux les plus propres à l'Establissement, Sa Majesté voudra bien y placer quelques chevaux, sur les representations qui en seront faites au Conseil par lesdits Commissaires-Inspecteurs.

XIX.

APRÉS l'appobation des chevaux des particuliers, ils prendront une connoissance exacte des biens, facultez & tenures des Gardes-Estalons, dont ils rapporteront au Département suivant, des Estats, avec des Extraits du Rolle de la Taille de la Parroisse d'où ils sont, de trois années au moins, afin de faire connoître à M.rs les Intendans l'Imposition faite par les Collecteurs de ces années précedentes, pour que leurs Taxes d'office se reglent avec connoissance de cause, en presence des Receveurs des Tailles & desdits Commissaires-Inspecteurs ; s'agissant de les faire joüir de ce Privilege, & non de les exempter de ce qu'ils doivent porter légitimement. Ils feront en même temps connoistre ausdits Collecteurs, que la Taxe d'office qu'on donne ausdits Gardes est toûjours approchante de ce qu'ils porteroient naturellement ; d'ailleurs les Receveurs des Tailles ont à considerer l'utilité qui revient de l'Establissement des Haras dans une Election, & qu'elle indemnise infiniment les Cottisables des Privileges desdits Gardes : On sçait même qu'il se trouve souvent qu'un seul Estalon establi dans un canton pour le service de cinq ou six parroisses, acquitte leurs Charges & Contributions au moyen de la vente de leurs Poulains ; qu'ainsi on ne voit point quel préjudice ces privileges peuvent causer aux Taillables, surtout aprés la suppression faite d'un nombre considerable d'autres Privilegiez par Edit du mois d'Aoust 1715. qui estoient beaucoup plus à la foule des Cottisables que ne le feront jamais ceux des Gardes-Estalons. Lesdits Commissaires-Inspecteurs s'informeront des Gardes-Estalons même, des sujets de plainte qu'ils pourroient avoir, tant à l'encontre des Syndics & Collecteurs, que contre les particuliers qui auroient refusé de satisfaire aux Reglemens : Ils en dresseront des Memoires en forme de Requestes à M.[rs] les Intendans, sur lesquels ils solliciteront leurs Ordonnances ; Et ils se rendront les protecteurs des Gardes-Estalons en toutes rencontres, autant que la justice sera de leur costé, Et pour leur procurer une prompte & brieve justice, & sans frais s'il est possible. Mais en même temps que Sa Majesté entend que lesdits Gardes-Estalons trouvent une entiere protection auprés desdits Srs Intendans, son intention est qu'ils en soient privez, & de tous autres avantages, lorsqu'ils contreviendront à leurs obligations.

XX.

ILS representeront par la voye de douceur & de remontrance aux particuliers, combien il est avantageux pour eux de conserver leurs Jumens, au moins jusques à un certain âge, & de les avoir belles, puisque les Poulains qu'elles produiront leur vaudront à proportion de la taille & tournure desdites Cavales. Il est aisé de concevoir que ce seroit peu de trouver moyen de placer un grand nombre de beaux Estalons pour servir de mediocres Jumens, puisqu'elles contribuent également à la perfection de l'Espece. Ils doivent donc exciter ceux qui en ont de defectueuses, d'en acheter de bonnes, & particulierement les Curez qui sont en estat de nourrir des chevaux. Ce sera en travaillant à élever la taille des Jumens, que l'on parviendra à la perfection des Haras, la taille des Estalons estant presque toûjours sortable à celle des plus grandes Jumens.

XXI.

L'EXPERIENCE a fait connoistre que les chevaux de Pays réüssissoient toûjours infiniment mieux que tous autres ; lorſqu'il s'en trouve d'aſſez beaux pour ſervir dans les Haras ; ainſi, il eſt bien important que les Commiſſaires-Inſpecteurs cherchent les expediens les plus propres pour engager les Particuliers à l'éleve de leurs plus beaux Poulains, par l'appas du benefice & l'eſperance de s'en deffaire pour le ſervice des Haras à un prix plus avantageux qu'ils ne ſeroient achetez dans les Foires. Sa Majeſté deſire meſme que les particuliers qui s'adonneront de bonne volonté à ce commerce, reçoivent dans leurs affaires une protection toute ſinguliere de la part de M.[rs] les Intendans, Et que les plus beaux Eſtalons qu'il y aura à diſtribuer leur ſoient confiez preferablement à tous autres, & à des conditions capables de leur faire connoiſtre les diſpoſitions favorables de Sa Majeſté pour tous ceux qui contribuëront à la perfection de cet Eſtabliſſement.

XXII.

Ils s'appliqueront pareillement à connoiſtre les meſures qu'on peut prendre pour fournir de Jumens les pays où elles manquent, ſans que cela engage le Roy en aucune dépenſe, ſi ce n'eſt pour l'avance des fonds & le credit qu'on pourra faire aux particuliers : Quelle ſorte de Juments y conviendroit le mieux ; Si les peuples ſeroient en intention de les payer ce qu'elles auront couſté ; Le nombre à peu prés que l'on en pourroit diſtribuer, Et le prix qu'ils y pourroient mettre.

XXIII.

Le Roy s'eſtant remis à eux du choix des Gardes-Haras, ils auront grande attention à ne preſenter à M.[rs] les Intendans que des ſujets connus & incapables d'abuſer de leurs Employs par des vexations puniſſables :

Ils n'en pourront Eſtablir que deux dans chaque Département ; Et ils feront meſme en ſorte de n'en avoir qu'un, ſi le ſervice auquel ils ſont deſtinez n'en demande pas davantage.

XXIV.

ILS trouveront toutes les autres obſervations neceſſaires ſur le ſurplus des choſes commiſes à leurs ſoins, dans le Memoire imprimé, & dreſſé par ordre du Roy pour ſervir d'Inſtruction à M.[rs] les Intendans, auquel ils ſe conformeront en toutes occaſions. Sa Majeſté attend de leur zele & de leur application au bien de ſon Service, qu'ils ſe feront une Eſtude particuliere de bien remplir leur devoir, Et qu'ils chercheront meſme à faire au-delà de tout ce qui leur eſt preſcrit, pour procurer aux Peuples & à l'Eſtat en general le bien infini de l'augmentation & de la perfection de chevaux de toutes Eſpeces & de tous ſervices. Le Conſeil leur recommande d'apporter une attention toute particuliere à l'Execution du nouveau Reglement des Haras, Et de rendre un Compte exact audit Conſeil de toutes leurs obſervations. FAIT au Conſeil le vingt-huit Fevrier mil ſept cens dix-ſept. *Signé* le DUC D'ANTIN.

Signé BRANCAS.

Et plus bas, MORET.

INSTRUCTION

aux Gardes-Estalons.

PREMIEREMENT.

SA MAJESTE' desire que celuy qui se chargera de l'Estalon qu'Elle fera delivrer gratuitement ou à moitié prix, ou qui sera approuvé par M.rs les Intendans ou par les S.rs Commissaires-Inspecteurs, en prenne un soin tres particulier, comme de le bien faire establer, pancer & nourrir, de maniere qu'il se maintienne toûjours en bon estat; Et pour y parvenir.

I I.

LEDIT Estalon sera mis dans une Ecurie la plus seche qu'il se pourra; il sera seul, ou du moins dans une place séparée dans l'Ecurie commune, où il soit à son aise. L'Ecurie ne doit point estre exposée à un trop grand jour, & plustost un peu obscure que trop éclairée, parce que la saillie de l'Estalon en est plus vigoureuse & plus gaillarde. Il doit estre bien pancé & nettoyé de la main, couvert d'une bonne couverture en hyver, & legere en Esté; Ferré bien à son aise, dans les lieux où on les tient ferrez, Et les pieds de devant remplis par dedans de fiente de Vache, deux fois la semaine, pour éviter les accidens ausquels les chevaux son sujets, comme Seimes, Bleines, & Encastelures que la chaleur de l'Ecurie engendre; Et plus les chevaux sont de legere Taille, comme

comme chevaux Turcs , Barbes & Eſpagnols ; plus ils ſont ſujets à ces accidens , pour leſquels il faut obſerver de leur parer le pied lorſque l'on connoiſt qu'ils en ont beſoin , Et que ce ſoit toûjours le troiſiéme ou le quatriéme jour de la Lune ; eſtant tres important que le cheval deſtiné pour Eſtalon ne reſſente aucune incommodité.

III.

POUR bien nourrir & entretenir l'Eſtalon , il faut luy donner à manger peu de Foin & beaucoup de bonne Paille de Froment , ou de Meteil, la plus nouvelle battuë qu'il ſe pourra. On luy donnera trois bons picotins d'Avoine par jour ; Sçavoir , le premier auſſitoſt que le Palefrenier qui le pance eſt debout , Et qu'il mange pendant qu'on leve ſa litiere , & que l'on nettoye ſous lui ; puis on le met au Maſtigadour pendant deux bonnes heures le matin , & autant l'aprés-diſnée. Il doit boire à huit ou neuf heures du matin de bonne eau bien nette , l'eau de Riviere courante eſt la meilleure ; mais quand il n'y en a pas , il faut ſe ſervir de celle de Fontaine ou de Puits ; Et ſi l'on reconnoiſt qu'elle ſoit trop froide ou trop vive, il faut la tirer & la laiſſer repoſer quelque temps , de crainte que par ſa trop grande vivacité elle ne cauſe des accidens faſcheux qui arrivent aux chevaux quand on les abreuve d'eau trop froide. A midy on luy donnera le ſecond picotin d'Avoine , Et le ſoir aprés avoir bû comme le matin on luy donnera le troiſiéme. L'Avoine qu'il doit manger ſera ſeche , nette & peſante , n'ayant aucun mauvais gouſt , parce que cela le pourroit dégouſter , Et c'eſt ce qu'il faut ſoigneuſement éviter.

IV.

IL faut que l'Estalon commence à couvrir depuis le premier Avril jusqu'à la fin de Juin, Et pendant ce temps ne luy épargner aucune nourriture, soit Foin, ou Paille ou Avoine, ne pouvant estre en trop bon estat, & trop bien conservé pendant ledit temps.

V.

QUAND le cheval commence à couvrir, il faut observer qu'il ne couvre qu'une fois le matin à la fraischeur, & le soir de mesme si la vigueur le luy permet, & si la trop grande jeunesse ne l'en empesche, parce qu'un jeune cheval doit estre plus menagé qu'un de six & de sept ans, ce qui dépend de la discretion de celuy qui est chargé de l'Estalon. Il faut aussi observer de ne faire jamais boire le cheval avant de couvrir, soit le matin ou le soir, & la mesme regle se doit garder aussi bien pour la Cavale qui doit estre couverte, que pour l'Estalon qui la doit servir.

VI.

IL faut donner à l'Estalon immediatement avant que de couvrir, une jointée d'Orge bien nette & bonne, & autant aprés qu'il aura couvert ; Et s'il ne la veut pas manger toute pure, il faut la mesler avec son ordinaire d'Avoine, pour la luy faire plûtost manger, cela luy estant souverain & necessaire ; Et l'on doit ainsi continuer jusqu'à la fin de la Monte qui finit au dernier jour de Juin, parce que les Poulains qui viendroient dans une saison plus avancée ne pourroient pas estre si bien élevez : On laisse neanmoins la liberté de continuer la Monte jusques dans le mois d'Aoust, dans les pays & lieux où l'on a éprouvé que les Poulains du mois d'Aoust peuvent bien réussir.

VII.

POUR faire couvrir la Cavale, il faut faire planter dans un lieu bien gay & verd autant qu'il se pourra, éloigné de cent pas de l'Ecurie, un ou deux pilliers sur un terrein uni, sec & solide, afin que le cheval & la Cavale soient commodement., & fermes en leur action, qui est une chose à observer pour ne pas rendre la Monte inutile. Et à l'égard des Estalons qui sont libres dans les Marais, le terrein qui est gay & bon de luy-mesme, n'exige aucune precaution que la liberté de l'action, mais il faut que le Pâturage soit gras & capable de les bien nourrir, autrement leurs transports se ralentissent. Il est encore necessaire d'observer que quand on met un Estalon dans un Marais parmi les Cavales, il le faut deferrer des deux pieds de derriere, de crainte qu'il ne blesse la Jument par des ruades qui leur sont assez ordinaires pour marquer leur amour.

VIII.

QUAND on mene la Cavale à l'Estalon, ce doit estre de bon matin, comme il a esté dit; il faut l'attacher aux pilliers avec un licol de corde le plus seûrement qu'il se pourra; si elle est ferrée des pieds de derriere, il est à propos de l'entraver avec une entrave de tissu, qui s'attache des pieds de derriere au col de la Cavale, de crainte qu'elle ne blesse le cheval, ce qui se doit éviter avec soin.

IX.

IL faut avoir attention de ne pas presenter de Cavale à l'Estalon, que l'on ne soit asseûré qu'elle soit en chaleur; Et lors que tout cela est bien reconnu, & que la Cavale est en estat, on peut sortir l'Estalon de son Ecurie, qui n'aura qu'un Caveçon à la teste, dont la Teſtiere ſera faite comme celle d'une Bride ; avec une Sous-gorge de crainte qu'il n'échappe, Et ſera tenu avec deux grandes longes de corde attachées au Caveçon, par deux hommes qui le conduiront en tournant autour du pillier où ſera attachée ladite Cavale, afin qu'elle puiſſe conſiderer l'Eſtalon qui la doit couvrir, ce qui contribuë beaucoup à luy faire concevoir un Poulain ſemblable audit Eſtalon, ce qui eſt le plus à conſiderer en matiere de Haras.

X.

IL eſt neceſſaire de bien laiſſer mettre l'Eſtalon en eſtat avant que de l'admettre à ſon action avec la Cavale, la Saillie en eſtant plus ſûre ; Et meſme pour l'y aider, il faut que l'un de ceux qui tiennent les longes lorſque le cheval eſt monté, leve la queüe de la Cavale, & que l'autre prenne le membre du cheval & le conduiſe adroitement crainte de le bleſſer & d'empeſcher l'action.

XI.

AUSSITOST que le cheval a couvert & demonté la Cavale, il faut qu'un des hommes le remette à ſon Ecurie, en luy faiſant faire encore un tour devant la Cavale, ainſi que devant la ſaillie, Et que l'autre jette un ſeau d'eau fort fraîche au derriere & ſur les reins de la Cavale, le plus fort qu'il pourra. On obſervera dans ce moment que le Cheval ſoit éloigné de la Cavale, parce qu'il n'y a rien de ſi dangereux que de moüiller avec de l'eau froide le membre d'un cheval qui vient de couvrir. Il eſt bon de promener en trotant en main la Cavale ſitoſt qu'elle a eſté ſaillie ; Et ſi l'on eſt proche de l'eau il faut l'y faire entrer juſques par deſſus les reins.

XII.

SI toutes ces précautions ont esté bien observées, on peut se contenter de l'avoir fait couvrir une fois seulement, sinon la faire couvrir le soir du mesme jour, si la vigueur de l'Estalon le luy permet ; Et la laisser douze ou quinze jours sans la mener audit Estalon : On peut la luy presenter pour voir si sa chaleur dure encore, Et si cela se rencontre, on le fera couvrir comme auparavant, mais si elle refuse l'Estalon, ce qui se connoist par les signes ordinaires qui sont de ruër contre luy, il ne faut pas la laisser monter, puisque ce refus est la marque la plus assûrée que l'on puisse avoir que la Cavale a retenu.

XIII.

IL est à remarquer que les Cavales qui mangent le verd dans le temps qu'elles sont admises à l'Estalon, retiennent plus facilement que celles qui sont au Foin & à l'Avoine dans une Ecurie, parce qu'elles ont plus d'amour & en donnent davantage au cheval. Il est bon de mener les Cavales à l'Estalon neuf jours aprés qu'elles ont pouliné, parce qu'elles retiennent mieux, attendu qu'en faisant leur Poulain, elles vuident toutes les mauvaises humeurs qu'elles peuvent avoir dans le corps, & qui pourroient empescher l'effet de la formation. Les Jumens doivent avoir au moins trois ans avant d'estre menées à l'Estalon, autrement on n'en doit attendre que de fort mauvais Poulains : On a encore remarqué que les Jumens trop grasses ne retiennent pas aussi aisément que les autres.

XIV.

RIEN ne gaste tant un Estalon, que de luy presenter des Jumens qui ne sont point en chaleur, Et l'on remarque que les Cavales que l'on fait couvrir par force & qui ne sont point en chaleur, retiennent fort rarement. C'est pourquoy, comme il est tres important de conserver un bon Estalon, dont on ne doit employer que tres utilement la vigueur & les forces, il seroit bon que celuy qui l'a en sa charge, eust s'il se peut quelque petit cheval entier bien amoureux pour presenter à la Cavale plustost que le veritable Estalon, il reconnoistra par là si la Cavale est en chaleur, & si elle n'y est pas, elle y viendra à la deuxiéme ou troisiéme fois qu'on le luy presentera, aprés quoy il y aura seûreté toute entiere de la faire couvrir par le veritable Estalon. La Monte estant finie il sera nourri & gouverné comme auparavant la Monte.

X V.

L'INTENTION du Roy est que lesdits Estalons ne servent à d'autre usage qu'à couvrir les Cavales, qu'on ne leur coupe ni les oreilles ni la queüe ni les crins, Et que nulle personne de quelque qualité & condition qu'elle puisse estre, s'en serve de monture, sous les peines portées par le Reglement des Haras.

XVI.

A L'ÉGARD des Particuliers ausquels il sera permis de tenir des Bouriquets, ils observeront qu'ils soient gros, grands, bien éveillez, robustes & sains de corps, les yeux gros non enfoncez, le col large, les nazeaux & les oreilles de mesme, le poitrail grand & plein de muscles, le dos uni avec une ligne qui regne tout du long, le poil tirant sur le noir, les jambes grosses & nerveuses, la queüe courte, les talons ni trop hauts ni trop bas; Et qu'ils ayent au moins trois ans avant de les faire saillir.

XVII.

SA MAJESTÉ entend que les Gardes-Estalons

jouïssent pleinement & paisiblement des Privileges qui leur sont accordez par ses Declaration, Arrests, Ordonnances & Reglement pour la recompense de leurs soins & dépenses; Et que tous lesdits Privileges & Exemptions soient repetez en detail dans leurs Commissions.

XVIII.

MAIS en mesme temps que Sa Majesté veut bien les prendre en sa protection, Elle entend pareillement qu'ils se conformeront en tous poincts à ce qui leur est enjoint & prescrit par le Reglement des Haras, à l'effet de quoy il leur est Enjoint d'en prendre un Exemplaire des mains desdits S.rs Commissaires-Inspecteurs afin qu'ils n'en prétendent cause d'ignorance. FAIT au Conseil le vingt-huit Fevrier mil sept cens dix-sept. *Signé* le Duc D'ANTIN.

Signé BRANCAS.

Et plus bas, MORET.